U0640246

全国小学生校园美文精品集萃丛书

七色阳光
小少年

如果没有了黑夜

《语文报》编写组 编

时代文艺出版社

图书在版编目（CIP）数据

如果没有了黑夜 /《语文报》编写组编 . —长春：时代文艺出版社，2018.8（2023.6重印）
（"七色阳光小少年"全国小学生校园美文精品集萃丛书）

ISBN 978-7-5387-5838-2

Ⅰ. ①如… Ⅱ. ①语… Ⅲ. ①作文－小学－选集 Ⅳ. ①H194.4

中国版本图书馆CIP数据核字（2018）第109942号

出 品 人　陈　琛
产品总监　郭力家
责任编辑　徐　薇
装帧设计　孙　利
排版制作　隋淑凤

本书著作权、版式和装帧设计受国际版权公约和中华人民共和国著作权法保护
本书所有文字、图片和示意图等专有使用权为时代文艺出版社所有
未事先获得时代文艺出版社许可
本书的任何部分不得以图表、电子、影印、缩拍、录音和其他任何手段
进行复制和转载，违者必究

如果没有了黑夜

《语文报》编写组 编

出版发行 / 时代文艺出版社
地址 / 长春市福祉大路5788号　龙腾国际大厦A座15层　邮编 / 130118
总编办 / 0431-81629751　发行部 / 0431-81629758
官方微博 / weibo.com / tlapress
印刷 / 北京一鑫印务有限责任公司
开本 / 700mm×980mm　1 / 16　字数 / 153千字　印张 / 11
版次 / 2018年8月第1版　印次 / 2023年6月第5次印刷　定价 / 34.80元

图书如有印装错误　请寄回印厂调换

编 委 会

主　　编：刘应伦

编　　委：刘应伦　　赵　静　　李音霞

　　　　　郭　斐　　刘瑞霞　　王素红

　　　　　金星闪　　周　起　　华晓隽

　　　　　何发祥　　朱晓东　　陈　颖

　　　　　段岩霞　　刘学强

本册主编：邢树磊　　李冬梅

目　录

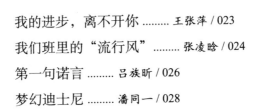

那些明朗的微笑

藏在桌角的爱

定格在记忆中的画面

一丝惬意心中来

我要丢掉心口的羞涩

　　每每想到这个场景，心口有千言万语涌现，可是我却说不出小时候天真无邪的我那张口即来的"妈妈，我爱你"。原来成长让我不善言语，我想我该改，因为母亲一直在等。

冬日里的"小木匠"

王雨桐

　　"嘎吱，嘎吱……"冬日的阳光下，一个扎着马尾辫的小女孩儿提着一把略显沉重的铁刨子，卖力地刨着一截裂了皮的木头，雪花般的木屑飘落下来，被她踩得"沙沙"直响。她就是我。

　　记得那个周末，爷爷端坐在院子里，拿着一把铁刨子，在刨一根木头。爷爷的刨子麻利地来回移动着，木屑像一个个旋转飞舞的小精灵，三五成群地在空中转个圈，又优雅地落在地上。我看得目不转睛，觉得很神奇。于是，我也找来一根木头，拿起那柄铁刨子，装模作样地刨起来。我紧咬牙关，细瘦的胳膊铆足了劲儿，微微地抖动着。可那把刨子就是不领情，一会儿削了一大片皮，让我身子一沉，吓了一大跳，手还被木刺扎得又痒又疼；一会儿突然顿住了，怎么也刨不动；一会儿又被木屑卡住了……爷爷在一旁笑得合不拢嘴。"弯腰，推过去，收回来……要顺着纹理刨。" 经过爷爷专业、耐心的指点，我渐渐刨得有模有样了。

　　从那天起，每天放学做完作业，我就会跑去练习。"嘎吱，嘎吱……"刨木头的声音那样清脆悦耳。一切都挺顺利，再过几天我就可以完成我的第一件"作品"了。可是，有一次，我一不小心，刨子和我的手擦肩而过，一小块皮就带着血落到了地上。我抖了一下，

“哇”的一声哭了。“我再也不刨了！”我生气地喊道。

一个星期过去了，我的手好了，看着那有点儿粗糙的半成品，那些雪花般的小精灵仿佛又在我面前飞舞，我重新坐在那里，往前推，收回来，往前推，收回来……

终于完成了，那段木头被我刨得光溜溜的，仿佛一件妙不可言的艺术品。我咧开嘴“咯咯”地笑了，“沙沙沙”，飞舞的小精灵们好像也笑了。

我们班的“诚信小超市”

李　月

在我们班里，有个特殊的角落深受同学们喜爱，那就是我们班的小超市。我们的小超市跟外面的超市可不一样，它无人看管，同学们叫它“诚信小超市”。

说起这个小超市，可有一段来历。

那天数学课上，林老师很生气。短短的十分钟练习时间里，教室里叽叽喳喳，有的同学甚至到处走动。“怎么回事？都忘了遵守课堂纪律吗？你、你，还有你！站起来解释一下！”林老师的手直指三个倒霉鬼。

“老师，我的橡皮找不到了，我找她借一下。”

“老师，我的笔芯用完了，刚才是想去向他借一根。”

“老师，我的三角板坏了，还没买，只好……”

林老师看着他们一脸的委屈，又好气又好笑，说："同学们，我们学校是封闭式管理，要出去买东西确实不方便，但这不能成为影响上课的理由。我建议大家好好想个办法，来帮同学们解决这些困难。"

于是，我们的"诚信小超市"就诞生了。瞧，这是从林老师宿舍搬来的书柜，它被改造成了货架。那一个个五颜六色的盒子，是手巧的女同学用家里的旧鞋盒做出来的，分门别类地放着作业本、橡皮、尺子、胶水等。铅笔和水笔则插在可乐罐改装成的笔筒里。最醒目的要数那只金灿灿的小猪储蓄罐，它是"无人收银台"。同学们每次拿了什么东西，都自觉地按标价把钱投进去，再由班长统一管理这些钱。

如今，我们班的诚信小超市"经营"得红红火火的。小超市里的商品还真丰富，同学们在学习上缺了什么，都直接上小超市拿。不过，之后总有相应的钱被投进储蓄罐里。老师说，小小的诚信超市，体现了同学们对诚信的真正理解。

每次走进教室，我们都可以看到那块熠熠生辉的"诚信小超市"的牌子。而诚信也像一朵花儿，开在了我们每个同学的心里。

我要丢掉心口的羞涩

石敏艺

春去秋来，我一天天在长大，但心口的羞涩却织成了一张网，

网住了我要说出口的话语，网住了我要喊出声的情意。可是我的母亲啊，她的深情让再羞涩的我都禁不住喊出声来。

周末早晨，我正酣睡，有人轻轻拍拍我的脸。迷迷糊糊地睁开眼，原来是母亲，她穿戴整齐，显然已起床多时。我伸了伸懒腰，心里悲戚地想着周末还要上学。衣服有人放好，牙杯里有正温的水。洗漱完毕，餐桌上热米粥已变得不再烫口。一切都正好。

我知道一定是母亲。之前在蒙眬中听见有人走动，轻声洗漱，关门的声音也有印象，却独有我的一方小天地仍然睡意弥漫，无人打扰。醒来的一切印证了母亲的一举一动。而其实经过一周早起晚归的工作，她早该累了，难得的休息日却还要为我百般奔波。我所钟爱的早餐店离家可不止几步路，她却始终坚持。我想说，您别太辛苦，张了张嘴却发不出声。

傍晚回校，母亲纵然身体不适，还是想送我去学校，陪我回寝室，只是单纯地希望帮我拎些东西。我寝室并不杂乱，她还是样样细细地再看一遍，生怕我哪里照顾不到。摸摸这里，瞧瞧那里，一派不放心的神色。我依旧说不出话。

从寝室走回教室的路上，母亲走得尤为慢，挽着我的手，似乎总想这路再长点儿，再久点儿。她还不时转过头来深深地望几眼。走到岔路口，我要往左，她要往右。当我转身要离去，回头时她还定定地站在那里，站成一棵树，站成一尊石，背后有来来往往的人流，独她不动。她的深情撩得我眼眶发酸。嘴皮子一颤一颤，终于吐出一句话："你回去吧，我在学校里会好好的。"她点点头，挪了挪脚步，目光还落在我身上。

每每想到这个场景，心口有千言万语涌现，可是我却说不出小时候天真无邪的我那张口即来的"妈妈，我爱你"。原来成长让我不善言语，我想我该改，因为母亲一直在等。

同寝室的几位妹子一直兴冲冲地在讨论这一个周日的母亲节该

我要丢掉心口的羞涩

怎么过，送什么。我听了暗中记下，想了很久，决定托人带一个小物件。周六，学校举办义卖活动，我看见有人手里拿着几枝康乃馨，我只是紧握着手中的小方盒。回到家，我主动抱了母亲一下，这是我想了一周的动作，希望没有太迟。塞过去的小方盒里是一块天然香皂，上面刻着我最想说的：妈妈我爱你。

也许成长的羞涩让我不爱表达，但是母亲的一切让我再也忍不住，我要丢掉羞涩，去亲近我曾经最亲近的她。希望没让她等太久。

夏天的声音

韩青翼

星期天，我和爸爸妈妈去小沙河游玩。

一到小沙河，首先映入眼帘的是一棵棵大杨树和一条弯弯曲曲的林荫小道。站在这儿，就像置身于另一个世界，没有了集市广场的喧闹，没有了公路街道的嘈杂，围绕在耳畔的全是来自大自然的歌曲，幽静而又深远。我蹲下来，静静地聆听夏天的声音，默默地欣赏大自然演奏的天籁之音，感受夏天独特的美。

"吱——吱——吱"，这是夏天特有的蝉的声音。终于盼到夏天的"知了龟儿"钻出睡了几年的窝，爬到树上蜕下壳，开始了它短暂的歌唱生涯。听，它不厌其烦地鸣叫着，不仅是在歌颂自己的一生，是在感谢大自然，是在赞美这里的美丽景色，更是在告诉人们：夏天到了，一切都变了样，要好好珍惜身边的一切，不负这美好的时光。

"哗啦啦，哗啦啦……"白杨树晃起了手臂。它在干什么？是在欢迎我们，还是要带我们欣赏美丽的景色？微风吹来，白杨树叶又"哗啦啦"地唱起了歌，为夏天增添了许多情趣。

　　"咕咕嘎！"看！一只可爱的小野鸭子游了过来，它是在呼唤同伴还是在炫耀自己的羽毛？它完全不理会我们，游到离岸边很近的地方觅食，让我有足够的时间欣赏。它专心地逮着小鱼，不时把身体潜入水中，又把头露出水面，也许无意，但却深深地吸引着我的眼球。

　　昆虫也来凑热闹了，你听，"嗡嗡""滋滋""啪啪"……好多声音交织在一起，和谐动听，使人不知不觉浸在其中，沉醉而入迷！

　　"哗……咕咚！"一条鱼儿欢快地跃出水面又落入水中，不甘寂寞地加入了这热闹的盛会。顿时水面泛起一圈一圈的涟漪，荡漾着向四周扩散开去。

　　"呼啦啦"，阵阵风儿吹了起来，吹动着水草、大树、芦苇，吹得湖面波光粼粼，吹得植物左右摇摆，吹得我们心神摇曳。

　　聆听着美妙和谐的乐曲，感受着夏天的神奇，我沉醉不知归路！

精彩的鹦鹉表演

付羽彤

　　今天，我来到了鸟类的乐园——福州鸟语林，这里有很多鸟儿，它们不是被关在笼子里，而是在园里自由活动。鸟语林里有很多精彩的表演，最精彩的要数鹦鹉表演。

我早早坐在第一排。表演还没开始，金刚鹦鹉已经迫不及待了，它居然熟练地用嘴巴拧开了小锁，也不飞走，就停在杆上摇来晃去，激动不已。

表演开始了！一只蓝色的金刚鹦鹉玩起了保龄球，它扑扇着翅膀飞到滑梯上方，灵巧地用小嘴推着球。"哐当！"只有两个瓶子倒了，没全中。主持人姐姐说："再来一次！"可这回只推倒了三个瓶子。鹦鹉生气极了，从滑梯滑下来，一下子推倒了许多瓶子，然后又用嘴把剩余的瓶子也推倒了。这可把观众们给乐坏了。

下一个节目是"车夫与公主"。漂亮的葵葵披着洁白的羽毛上了台，坐到"黄包车"上扮演公主。一只头上乱糟糟的鹦鹉飞过来，一本正经地当起了马车夫。看哪，它越拉越愤怒，一心想着"我不要当马车夫！"它停了下来，走到后头，"哐！"一把推翻了车。"公主"高傲地昂着头，似乎在说："我才不和你一般见识呢！"主持人姐姐奖励了玉米给"公主"吃，车夫更生气了，全身的羽毛都竖了起来。主持人姐姐赶紧也喂给它食物。

现在，鹦鹉界的小数学家出场了！它穿着灰色的燕尾服，看上去像一位博学的绅士。出题时间到！"4+5=？"小鹦鹉飞上了答案杆，思索了一会儿，"9"的牌子被它叼了下来。"20－19=？"一个小男孩儿提问了。小鹦鹉在答题杆上"哒哒哒"地走了起来。小数学家似乎眉头紧皱。它肚子里肯定在暗暗埋怨："是谁出的题目啊，这么难！"它来回走了好几圈，几次想把"2"叼回来，却又摇摇小脑袋继续思考。最后，也许听到一个小朋友大声喊"1"，小数学家的眉头终于松开了，叼着答案飞了下来。

鹦鹉陆续出场，它们真是多才多艺！红色的金刚鹦鹉会跳迪斯科舞，音乐停止后还在跳；小白一直在台上翻来滚去，好像不怕晕呢；财迷小鹦鹉对一元钱不屑一顾，只叼五元、十元的……

福州鸟语林的鹦鹉，真是一群可爱的小精灵。

不经风雨，怎见彩虹

梁文博

十来岁的男孩儿总是爱幻想，我总爱把人生的经历比作大海里的一只小船，我称它"理想号"。梦想是帆，信念是桨，这颗坚定又执着的心，便是舵了。在别人眼里，它是经历了劈波斩浪的小船，殊不知，"理想号"也有经历挫折抛锚的时候！

那是让我最忐忑不安的期中考试。刚下考场，我便察觉自己犯了粗心的惯病，失魂落魄，浑身像散了架一样，精神不怎么抖擞。成绩揭榜时，我低着头打听成绩，不知是缺少抬头的勇气，还是怕勉强的微笑难看。果然不出我所料，成绩不怎么理想。那些天，太阳失去了往日的微笑，小鸟"叽叽喳喳"地叫着仿佛在责怪我，那艘曾经乘风破浪的小船，此刻仿佛被海浪淹没，不见其踪影，"理想号"，远在天边。

此时，我躺在树下，对一只小蚂蚁产生了极大的乐趣，它面向树叶，正缓缓地爬行，我把它捉回来，使它远离目标，迷失方向，但它还是坚持不懈地向目标行进，从没有放弃过理想。一次又一次……我突然觉得它才是所谓的"理想号"，面对挫折，从未想过放弃，依然前行；面对理想，它勇于把握自己的命运，驶向成功彼岸，最终走向成功。

母亲也曾告诫过我："不经风雨，怎么见彩虹，人生道路上不可能总是顺心如意，总会受到挫折，失败总是有的，不要落魄，没有失败哪来的成功？要用坚定的意志重新振作，直到驶向成功的彼岸。"

没有再犹豫，"理想号"，又起航了。理想曾因暴风骤雨而迷失方向，那年轻的舵手懂得把握人生，把握渺茫的希望，正向理想的轨道航行。只是这一次，帆上多了一行字："不经风雨，怎见彩虹"。

我的好朋友

柯云轩

010

我的好朋友，它来自"汪星球"。它在我家时，是我最好的跟班。下面，我给大家讲讲。

它是躺在我奶奶的背包里，来到我家的。当时，它还是个小狗崽儿。那么小！我用手量了一下，只有一个半手掌长。一身的黄毛倒是很漂亮，缎子一般，摸上去柔柔的，软软的，还热乎乎的。最最让我着迷的，是它那双写满好奇和害怕的黑亮亮的眼睛！我们四目相对时，它的惊喜和信赖，都快从眼睛里溢出来了！从那天起，这个"汪星人"就整日屁颠儿屁颠儿地跟在我身后，当了铁杆跟班。

那天，我心血来潮，从家门口饭店的垃圾桶里搞了几块骨头送给它。我等着它大饱口福之后，对我摆出一副感激涕零的样子。可是，它它它……这个"汪星人"貌似并不领情，因为它围着那些骨头转来转去，嘴里还哼哼唧唧的，就是不知道怎么下口！我都快被它转晕

了，干脆拿起其中一块，放在嘴边，做出要啃的样子；搁一会儿，我又咂咂嘴，做吃得很香的样子。它盯着我看，黑眼珠子一动不动，好像很无助，我突然就明白了：对它来说，要吃下这些骨头，是不可能的，简直异想天开——先不说那些骨头每一块都好大，我估摸着，它的牙应该还没长齐吧？我让它为难了。为了表示歉意，我找来一瓶牛奶，全挤进它的碗里。它埋下头，伸长舌头，"咻咻"了一会儿，就把小碗给舔干净了。吃完，它挤来我身边使劲地摇尾巴。我终于等来了它的感激。

一日，我好奇地把手指伸到它的跟前。我想数数它到底长了几颗牙齿。起先，它只是好奇地闻闻。我往里送了送，它轻轻地咬了咬。那么痒！我大笑起来。它被我的笑声惊着了，往后一缩……这下惨了！我的手指好疼。等我终于把破了的指头从它的嘴里拿出来时，我看见了鲜红的血。它嗷嗷地叫着，夹着尾巴逃走了。大概是担心我，它又慢慢跑过来，像犯错的小孩子一样。爷爷闻讯而来，非常生气，说要把这个"汪星人"送走。奶奶也狠狠地骂着小狗。它怕极了，蹲在我身边，浑身发抖！

那天下午，我去东台打那"痛彻心脾"的狂犬疫苗。可是，为了它，我咬着牙，装着无比淡定的样子，一声不吭。打过针后回家，它关切地飞奔过来。我和爷爷一下子又全被它给逗乐了。

那是一个宁静的夜晚。睡得迷迷瞪瞪的我，突然摸到了一团毛茸茸、热乎乎的东西。我惊醒过来。开灯一看，原来是这个"汪星人"。我"哦"了一声，又倒下去睡。"汪星人？"我又惊醒了。我拍了拍它。它用它的小脚碰了我两下。我笑了起来，干脆摸着它的头，又想沉沉睡去。它却被我弄醒了，在床上走来走去，像在巡视。不一会儿，它似乎感觉有点儿孤独，就呜呜地轻声哼着，像要把我叫醒。我实在太困，不理它。它还闹。我生气了，随手打了它一下。它大叫了一声，就逃走了。从此，不管我怎么邀请，它再没上过我的床。

这个"汪星人"陪我一起，走过了将近两年的时光。它是在一个冬日突然间不见的。离开之前，也没什么异常，除了那天放学，它没来接我……至今，我还记得它那憨厚的模样，以及它带给我的那些幸福的细节。它永远都是我的好朋友！

我的天空又亮了

陈雨沐

天色渐晚，灰灰的天空中多了一丝伤感。太阳公公也没有了往日的神气，疲倦地跑下山去。

我的心情像极了这灰暗的天气。我捏紧了饭勺，呆呆地排着队，随着队伍走向食堂。我的内心也糟糕透了，错综复杂的情感交织在一起，既因同学的误解而难过，也因老师亲切的责备而沮丧。我没能处理好与同学的关系，也没能让老师满意。到底该怎么办，我心中一时失去了方向。

我拿着碗去盛了一碗汤，默默地坐在座位上喝着，可泪水却止不住地流了下来。坐在对面的同学给我讲起了笑话，我极力想挤出一丝微笑，却怎么也笑不出来。这时，一双温暖而有力的手搭在了我的肩上。哦，是班主任。他半开玩笑地说："早知道有同学要减肥，我就到这儿来吃菜了！"说着，他抓起筷子从菜盆中挑了一块大大的肉放进了我的碗里。我擦干泪水，对班主任说："我是要把汤喝完再盛饭。"他笑着点点头，默默地离开了。

喝完汤，我盛了饭，对面的同学又为我夹了一些青椒炒肉。不知是因为青椒太辣，还是被老班感动了，我的泪竟又滴了下来。朋友们纷纷拿出纸巾为我擦眼泪，一句句安慰的话久久萦绕在耳畔。我心中一下子温暖了许多。

走出食堂，晚霞妹妹出现了，天空似乎又亮了起来，我的心也仿佛一下被照亮了。走进教室，本来应该由我打扫的清洁区已经有人帮我打扫好了，泪水再次溢满了眼眶。我的天空又亮了。

羊 之 趣

曹俊杰

013

星期六闲来无事，我便拿起篮子去地里挑来许多青草。"咩！咩！"还没到羊圈呢，就听见羊儿的叫声。来到羊圈旁，那惹人喜爱的景象呈现在我的眼前：三只活泼可爱的小羊在圈里又蹦又跳，两只成年的羊悠然自得地吃着草，一只老羊正安闲地趴在地上，打着盹儿。

其实，老羊是个大"吃货"。别看它现在闭目养神，等我把篮子里的草倒入羊圈，它可一点儿也没有长辈风范，跑得比谁都快，肯定第一个把草吃进肚子里。要是我手上提着草不放进羊圈，它就用一种渴望的眼神一直温柔地看着我，让我情不自禁地将嫩草给它。它一身雪白的毛，它那对尖利的长角非常厉害，上面还有一些精致的花纹，

我要丢掉心口的羞涩

如果谁敢惹它生气，那就只有被角顶的份儿了。毛茸茸的下巴上，一撮胡须，把它装扮得好似一位学富五车的大文豪。

　　成年羊特别厉害。有一次，我拿着一片橘子皮诱惑一只成年羊，刚送到它嘴边，它就急吼吼地张开嘴，我就快速地把手缩了回去。它继续向四周搜索着，当它看见橘子皮在我的手上时，一下子扑过来，一口叼住，使劲儿地嚼起来，仿佛怕到手的战利品失去了似的。它一边嚼着还一边瞪着我，似乎在说："还是我厉害！想要我？没门儿。"

　　小羊非常调皮。一天早上，三只小羊跑了出来，到处乱窜。一会儿沿着小河奔跑，一会儿回头看看我，一会儿跃过矮树桩，我追了半天也没有追上，累得气喘吁吁。这时，一只小羊跑到我面前，我猛地扑过去，把它抓住了。可它身子太滑了，在我怀里一蹬，就又溜走了。我急中生智，连忙学起了老羊的叫声，它又乖乖地回来了。我把它抱在怀里，它的身子真暖和，还能感受到它的心跳呢！

　　虽然我长在农村，没有城市的孩子见多识广，但能与这群最可爱的小羊在一起，不也是城里孩子享受不到的快乐吗？

第 一 次

吴鹏云

　　那年我还在读小学三年级，因为前一天父母晚归，他们竟狠下心来让我独自一人坐公交车去学校。

听到这个消息后，我一边刷牙洗脸，一边不情愿地嘀咕，可最终还是抓起一把足够买早点和坐公交车的零钱下了楼。

吃完了早饭，我便来到公交车站等车，不一会儿，8路公交车便缓缓驶来，当时我内心充满了第一次单独出门的恐慌。

手中紧紧攥着一元钱，汗水浸湿了我的脸颊，我心中像藏着个兔子般怦怦直跳。上车后，我将一元钱投入了自动投币器，看到座位上男女老少严肃的脸，很容易将他们与坏人相联系，心中不免打了一个冷战。

曾在电视上看到过许多诱骗儿童案，这些案件的发生，总是因为儿童独自玩耍、出门……想到父母竟然不顾我的安危，泪水便在眼中打起了转儿。

我尽量将身体靠在一个看起来较和蔼可亲的阿姨旁边，希望她可以冒充我的母亲。那位阿姨不解地看了一直凑过去的我一眼。

"呵，小妹妹，你一个人坐车吗？"

"是……是啊！"

"是去学校上学吧？"

"哦……"我心不在焉地回答着。

"实验小学站到了，请要下车的乘客做好准备。"我飞快地跑到了后门口，令我吃惊的是，后面座位上坐着许多一个人上学的同学，他们竟没有一个像我这样紧张不安。

车门慢慢打开，我下了车，奔入学校大门，十分自豪地向遇到的同班同学讲述一个人战胜恐惧乘车的故事。看到他们眼中流露出的羡慕、惊讶，我内心别有一番滋味。

几年以后，我也慢慢淡忘了第一次乘公交车的经历，也不再因一个人坐公交车而胆怯了。如今，当我寻找全家福时，在抽屉偶然翻出了几张照片，是我在公交车站等候、上车再到车远去的背影画面，这时，我才想起了这件事儿，翻转照片，也发现了照片背后有着妈妈的笔迹：

　　"今天是女儿第一次乘公车！"

　　"不知她能否战胜恐惧？"

　　"她能顺利到达吗？"

　　"……"

　　我不禁泪流满面，浓浓的母爱填满我的心间。

让我想一想

杨志宇

016

　　窗外的小雨，淅淅沥沥地下着，风声和水滴声交织在一起，令我生厌。再看着布满红叉叉的卷子，我内心的烦躁又多出几分。

　　"咯吱"一声，一个身影悄悄地走进我的房间。我扭头一看，心里"咯噔"一下，是父亲！这下完了，我一定会被训斥的！哪知，父亲却一反常态，轻轻在桌边放下一杯水："儿子，口渴了吧，喝点儿水！"语气异常平静，如杯中的白开水一样平淡。说完，他就一声不吭地出去了。

　　咦？父亲从来没有这般冷静地对待我，更别提为我倒水了！放下手中的笔，我开始静静地想起来。平时我的学习态度不算太认真，作业和试卷上出现大红叉是家常便饭。为此，父亲一直训斥我，我也毫不示弱，经常和他顶撞。他说一句，我能反驳他两句，常常把父亲气得勃然大怒，但我仍然我行我素。可今天父亲的态度怎么就变了，这令我困惑不已。想到这儿，我便走出房间透透气。

一走出房间，我就看见父亲伏在电脑前，手不停地敲着键盘。在窗外微弱光线的映衬下，他的头发仿佛反射着银光。额头上的皱纹像历经四十多年的"风化"一样。父亲因忙于工作，基本不怎么运动，当年的腹肌变成今日的"啤酒肚"；眼睛也因长期盯着电脑而明显深陷；背也弯了许多……

站在走廊里，看着父亲因操劳而日渐苍老的面容，一些伤感不由得油然而生，我为自己以往顶撞父亲而感到自责。"怎么了？发什么呆？"父亲已经发现了我。"没什么，出来放松一下。"我还沉迷在自己的思绪中。"你长大了，学会调整自己了。"说完，父亲又去工作了。

我再次一惊，这才是我看到的最真实的父亲，长年加班到深夜，却从没任何怨言和烦躁，依然韧劲十足。想到这儿，我深深地吸了口气，内心的烦躁与迷茫一扫而光。我就像一棵正在成长的小树，而父亲如同隐形的手在不断地为我"塑形"，逐渐让我成长为参天大树啊！

017

什么是父与子？再让我细细想一想，父与子，就如那杯白开水，看似无味，实质上，只要仔细品味，唇间就会溢满温馨和甜意。

踩　影　子

伊立菁

"嘿嘿，来呀！来踩呀！""哼！你等着！我踩！我踩！哈！我踩到了！"一阵阵欢笑声在院子上空回荡。我和哥哥正在玩踩影子游戏呢！

我跑到哥哥长长的影子上笑眯眯地说："哥哥，我来踩你的影子，好吗？""好呀！你来呀！"他话音未落，马上撒丫子而去，我也像只下山的小猛虎，毫不示弱地向哥哥追去。"我一定会踩到你的影子的。"我在心里暗暗和他较劲儿。我憋足了一股劲儿加速向前冲去。只差两步就能踩到他的影子了，哥哥却突然转了个弯，他的影子从身后跳到了左边。"就差一点儿了。"我叹了口气，继续追赶。风儿在耳边呼呼作响，路灯的光亮洒在哥哥的头发上，闪闪发光。突然，哥哥不想跑了，改为快步地走，轻巧地躲闪。他还不时转过身来，故意激我："怎么样，捉不到吧？"这时，哥哥的影子离我只有一步之遥，我赶快大步跨上前去，哥哥却轻巧地一闪，我又踩了个空。看来，和哥哥硬拼是不行的。

我灵机一动，干脆停下来，双手撑着膝盖，大口大口地喘着气，装出一副很累的样子，摇着头向他求饶："哥哥，我不行了！"哥哥见状，无奈地停下了脚步。见哥哥上当了，我便以迅雷不及掩耳之势，一个箭步冲过去，踩到了他的影子，一把抱住了哥哥，哥哥也紧紧地搂住了我，我们俩的影子立刻重叠在一起，样子亲热极了。我们久久不愿分开，就这样静静地拥抱在一起，享受着兄妹间难得的情谊。

就这样，我和哥哥你追我赶，继续玩着。我一会儿踩到哥哥的"屁股"，哥哥假装很疼地大叫："哎呀！"逗得我哈哈大笑。哥哥一会儿踩到我的"头"，我也假装很疼地喊："哎呀！"哥哥也哈哈大笑……

在温暖的灯光下，我们互相踩着对方的影子，踩出一串串银铃般的欢笑，踩出一个金子般的童年……

坚持，不能放弃

郭　林

"坚持，不能放弃，不能相差太大距离。"一个信念始终在心中。

下午第一节体育课，体育委员把我们带领到实验楼前，整理好队。老师让我们和二班一起在这一小块地方跑三圈，之后，我们又在体育委员的带领下做了一遍徒手操，以防在接下来的活动中受伤。

老师把两个班的男生一起领到对面的大操场上去，对我们所有的人说："现在，你们要进行长跑比赛，男生先跑，女生们先做好准备。"

"什么！又要长跑？！"现在我一想起以前长跑时的那种痛苦的滋味，我就觉得十分恐惧，望着前方的一片绿色大操场，我不禁觉得那就像在黑暗中，没有一丝光明，许多懒虫在缓慢地爬行着。

不到五分钟，男生们就跑完了，他们一个个都喘着粗气，不管地面的脏物便坐下了。

我被朋友拽上了跑道。

老师说："开始！"我们便都飞快地跑出去。刚开始同学们的速度都差不多。大半圈后，一些同学的体力不足了，奔跑着的步伐渐渐缓慢了下来。我也一样，在跑完第一圈的时候，就已经气喘吁吁了，可是仅有不到一圈就到达终点了，我又坚定了信心，看着在前方的同学，我的心中燃烧起一个信念："加油吧，不能放弃！即使不优秀，也不能太差，加快步伐吧！"我加快了奔跑的步伐。

近了，近了，更近了，一步，两步，我跨过了终点，以较优异的成绩取得了成功，还以坚定的信念战胜了心中的黑暗！我胜利了！

明天，我们会成螃蟹吗

路　荟

020

一直以为，生活不过是简单的喜怒哀乐罢了。考试考得好——喜，给同学背了黑锅——怒，考试考砸了——哀，与同学打打闹闹一天——乐。却未承想，这种认识是多么单纯、肤浅与无知。

周末，我和舅舅一家一起去胜利塘捉螃蟹。我和表妹欢呼着挥动铲子，在泥里一插一挑，随着一块块泥沙混合物的飞起，一只只小螃蟹惊慌逃窜，但都难逃我们的魔爪。我和表妹得意地看着一只只"小囚犯"在水桶里乱撞，不由得大笑起来。

"啊——"这时，我耳边突然传来一声惨叫，扭头看去，只见表哥快步向我们走来，一只手用力地甩着，小拇指翘得老高。原来，有一只小螃蟹正夹着他的小拇指不肯放开呢。

"真倒霉！"表哥咬着牙，眉头紧锁，显然在忍受巨大的痛苦，"快把那该死的东西给我扯下来。"我急忙抄起一根木棍，毫不犹豫地准备一棒子下去，让蟹脚与身体分家。——"慢着！"一旁的舅

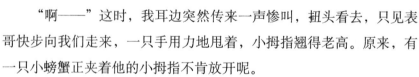

舅急忙喝了一声，转身对表哥说，"看起来怪可怜的，不如放了它吧！""可它不松口，我怎么放它呀？"表哥小声地嘟囔着，翘起的小拇指已有点儿发紫，但他仍听从了舅舅的话，把手放在泥潭中。就这样，螃蟹在众目睽睽下松开了钳子，飞快地逃走了。

看着我们几个疑惑的眼神，舅舅笑了起来："这泥潭其实就是螃蟹的家，家被你毁了，基本的安全保障就没了，它还不得跟你拼命啊。若你站起来甩甩手，失重感会使螃蟹感到极度的恐惧与不安，自然夹得更紧了，这时，你放它回家，它不就松口了吗？"

"哦……原来是这样啊。"我们似懂非懂地点点头。

舅舅见我们不吱声了，便继续看起了手机新闻。忽然，他大叫起来："恶魔，简直就是恶魔！"舅舅放下手机，抬起头，意味深长地看向远方："国外战火又起，看来，又有不少人要流离失所了。"

听了舅舅的话，昏天暗地、血流成河、尸体遍野……我的脑海中一下子浮现出这些令人恐惧不安、毛骨悚然的词语，个个都那么触目惊心。

风吹来，咸咸的味道让我鼻子有点儿发酸。恍惚间，那炮火冲天、哭天喊地的场景如在我眼前发生……

其实，身为普通人的我们也像不愿受打扰的螃蟹一样，希望有个安全、温暖的家，不受他人的干扰、摆布，能日出而作，日落而息，过着平凡且充实的生活啊。

我成功说服了小表妹，倒空了水桶里的小螃蟹，落日的余晖洒在身上，让我的心稍微好受了些。

远处，一个接着一个的海浪退去，泥沙里成群的小螃蟹又倾巢而出，向着日落的方向爬去……

美好的回忆

姜锦涛

一个阳光明媚的上午，我坐在窗前看书。刚翻开书，一张旧照片飘落下来，我俯身拾起，原来是当年我和姜若楠的合影，看着这张照片，我陷入了深深的回忆。

那天，我们在操场上打乒乓球，以五局三胜定输赢。比赛开始了，姜若楠先发球，只见他拿着球用球拍上不停地拍，眼睛时不时地还瞟我一眼，我全神贯注地等待着，可他却迟迟不发球。就在我渐渐放松警惕时，忽然，一个球迅速飞了过来，我慌忙应战，可惜已经晚了。这时我才明白，那是他的战术，目的是分散我的注意力，他好来个出其不意。先输一球，我心里很不服气。

第二局还是他发球，用的还是那个战术，我将计就计，表面装作毫不在意，可注意力早已高度集中。他突然发球，可是想再打我个措手不及的美梦已经落空了，我稳稳地接住了这一球。我也启用我的战术——先打几个柔球，接着再进攻。两个回合的柔球后，我拐球发起进攻，把球狠狠地往球台角落打，姜若楠这次也是措手不及，没接住。哈哈！以其人之道还治其人之身，成功！

接下来轮到我发球了，趁其不备，我给他发了个快球，还没等他反应过来我就又胜一球。姜若楠要求换场地，换完场地后由他发球。

这次他改变了战术，给我发了个高球，我只能用高球的克星——扣球来取胜。于是，我拿球拍使劲儿往下一拍，赢得了这场比赛。比赛虽然有输赢，但是我们比得很开心，玩得很快乐，为了庆祝这欢乐的时刻，我们拍下了这张照片，留作纪念。

无论过去多久，只要看到那张照片，我就会想起那开心的时刻。

我的进步，离不开你

王张萍

老师，成长中的引导者，引导我们进步，引导我们逐渐
走向成熟。

——题记

023

慢慢地，我们已从懵懂儿童成长为花季青年，逐渐走向成熟。而这一切，都离不开我们的老师——辛勤的园丁。

还记得那个夏夜，我还在为最后一门课的考试做着最后的努力，是您，不惜牺牲您宝贵的休息时间来为我们讲解题目，到了考试的时候，我们万分紧张，是您，用那带着疲倦的眼睛给我们以心灵的抚慰。我们没有辜负您，我们的进步离不开您啊！

老师，是您用您的双手，给我们书写人生的动力，是您用您的双手，指引我们前进的方向，是您的双手，将我们变成花季少年。老师，我们的成长，我们的进步都离不开您啊！

老师，粉笔的灰尘已将您的头发染白，岁月的流逝，也在您的脸上留下了永远的踪迹。老师，千言万语，说不尽，道不完，我们只想扑进您的怀抱，大喊一声："老师，我们的进步，离不开您。"

一首歌唱得好，"时光时光慢些吧，不要再让你变老了，我愿用我一生换你岁月长流……"这是我们的心声，也是我们千言万语的结晶。老师，我们的进步离不开你啊！

老师，我们是您的骄傲吗？还在为我们而担心啊？您的"花儿"长大了！

老师，您的关心，您的关爱，使我们茁壮成长。老师，我们依稀记得您说过的一句话："在你成功时，不要忘了曾经为你付出过的那些人。"老师，我们永远不会忘记，我们的进步，离不开您。

老师，您为我们付出的一切，我们无以为报，就让我们用我们的进步来回报您吧！

024

我们班里的"流行风"

张凌晗

卡　风

下课铃刚响，同学们就争先恐后地来到操场上玩卡。大家迫不及待地拿出"神奇宝贝卡"，一边高呼一边"开战"，赢家得意扬扬地收起输家的卡片，笑眯眯地装进自己的口袋。输家眼睁睁地把自己的

宝贝拱手相让。赢家把头一扬，向输家挑衅："手下败将，还敢再战吗？"输家不服气地说："来，咱们再战一局，我不信赢不了你！"那架势就像一个输红了眼的"赌徒"。老师知道了，气愤地说："学校是学习的地方，不是你们赌博的地方……"就这样，同学痴狂的"卡风"便停息了！

漫 画 风

"卡风"被老师成功地"消灭"之后，我们班又刮起了"漫画风"。下课了，同学们拿出自己心爱的漫画书，《老夫子》《豌豆》《蜡笔小新》《父与子》《阿衰》等，应有尽有。同学们三三两两地挤在一起，一会儿捂着肚子笑得前俯后仰，一会儿拍桌子哈哈狂笑……上课铃响了，同学们才依依不舍地放下漫画。

可是漫画的魔力太大了，走火入魔的同学把漫画夹在课本中看，老师讲课时常常被笑声打断。这些"潜伏者"被老师捉了个现形，就这样漫画风也销声匿迹了。

乒 乓 球 风

"漫画风"刚吹过，乒乓球风又以迅雷不及掩耳之势席卷了全班。

下课铃一响，同学们喜滋滋地拿着乒乓球拍飞出了教室，边跑边喊："快！快！先占领球台！"小小的乒乓球像一个舞动的精灵在台上不停地飞旋，赢得了一阵热烈的掌声、欢呼声、尖叫声。不知何时竟把路过的老师也吸引过来，要和同学们一较高下。因为有了老师的加入，乒乓球风在我们班刮了很久很久，我们还获得了乒乓球赛的冠军。

我们班还吹过悠悠球风、跳皮筋风、沙包风等，真是一风未停，一风又起呀，我们班的流行风让我们的课外生活更加丰富多彩！

第一句诺言

吕族昕

打开记忆的宝库，里面都是家人给我的诺言：许许多多的玩具汽车、琳琅满目的书籍、回味无穷的美食……它们像一颗颗璀璨的星星，缀满我幸福的童年。在父母身边，我不用撒娇，轻易就可以得到很多。我也是父母双方大家庭中最小的一个，不用要求，每个家庭有了最好的东西一定先满足我。一直以来，我的诺言似乎都是考清华、北大、麻省理工、哈佛之类的豪言壮语。而在那个秋天，我许下了真正想要努力去兑现的第一句诺言。

那个秋天，我随爸爸去农村的姑姑家帮忙秋收。我是姑姑唯一的侄子，姑姑格外喜欢我，每次见我都要问这问那。那一次，她非常兴奋地问我："侄儿，啥时候能在电视上看到你呀？姑姑会为你骄傲的！"还没等我回答，她接着问我："能不能呀？啊？"

当时我只有五岁，不知道是出于想要满足姑姑的渴望，还是出于一个小孩子天真的自信，我向姑姑承诺："能！肯定能！"

以后的日子里，我每年秋天都会随爸爸去帮姑姑秋收，每年姑姑都会问起，每年我都回答没有。后来姑姑便不再提起，只是淡淡地说了句"上电视也没什么了不起的"。

也许是姑姑那失望的话语鞭策着我，也许是姑姑的愿望鼓励着我，我一直默默地努力着，希望自己可以因为二胡大赛上一次电视，或者因为英语大赛上一次电视，或者因为作文大赛上一次电视！然而每一次，都没能让我给姑姑一个交代。

渐渐地，我特别害怕秋天，害怕看到姑姑那失望的眼神。也许对姑姑来说，能上电视是特别值得骄傲的一件事。

大桥外语"天骄杯"颁奖仪式原定在电视上播出，我像打了鸡血一样，兴奋地把消息告诉给姑姑。可是后来又临时取消了露天颁奖，害得姑姑白等了好几个小时，这让我更加惭愧。

直到我有幸在大型纪录片《发现长春·命寓琴弦》中饰演童年的二胡大师甘柏林时，我才能坦然地面对姑姑。这次我直到知道确切的播放时间才通知姑姑。电话那头，姑姑激动得不知道是哭还是笑，不断地重复着："侄儿终于上电视了……"遗憾的是，因为当天刮风，姑姑走了几家，直到节目结束，也没有一家的电视天线能够接收到信号。

十岁那年秋天，和每年一样，我随爸爸去姑姑家秋收。这一年，我带着电脑。姑姑终于在网络电视中看到了她的侄儿。那一刻，她的眼里绽放出别样的光彩！

这就是我第一次努力用行动兑现的诺言。五年的时间，让我懂得了诺言是一种努力的动力，更是一个人的修为。从此以后，我再也没有轻许诺言。

梦幻迪士尼

潘同一

2016年6月16日，世界第六个、亚洲第三个、中国大陆第一个迪士尼主题乐园终于在上海盛大开园了！怀揣着激动的心情，我也来了！

毕竟是大陆第一个迪士尼乐园，慕名前来游玩的人特别多。在过了重重安检后，我正式地进入了园内。啊！好漂亮啊！一进门，我就被门口的米奇专属大时钟吸引了，还有那些用花朵摆成的米奇图案，多有创意啊！此时，我已经热血沸腾。

我们一边走，一边聆听着园内播放的欢快优美的旋律，不知不觉就来到了米奇大街，街道两边是一排排新奇的房屋。到了入口一看，全是人，我和妈妈赶忙跑过去排队。

终于开园啦！我以小猎豹一般的速度来到了明日世界的"创极速光轮"前。在奔跑的时候，妈妈被一辆婴儿车撞倒了，坐在旁边休息，我只好一个人去玩全球迪士尼乐园中速度最快的过山车。没有妈妈的陪伴，我不禁有些害怕，只好紧紧地跟在两个不认识的姐姐后面。在光轮开动的过程中，我一直都很想哭，一是因为害怕，二是因为光轮开得实在太快了！由于过度恐惧，我把头死死地抵在设备上，结果下车时，我不仅腿软了，额头也紫了。

来到"梦幻世界"，我和妈妈准备再坐一次过山车，于是，我们就来到了萌萌的"七个小矮人矿山车"前排队。由于人太多，我和妈妈排了两个小时的队。妈妈说坐这个不吓人，可我一走近就听到了"啊啊啊"的叫声，我被妈妈给骗了！轮到我们时，我习惯性地闭上眼睛，合上嘴巴。妈妈在我耳边说风景好美，让我睁眼。我缓慢地睁开眼睛一看，发自内心地感叹道："好美啊！"还没美三秒钟，我就被吓得大吼："救命啊！我要回家！我要爸爸！"更可笑的是，我竟然指着山洞里的小矮人说："你们要鼓励鼓励我！"

接着，我和妈妈又去体验了"小飞象""小熊维尼历险记""巴斯光年星际营救"等项目。我们研究了一下时间表，发现"金色童话盛典"就快开始了，我们便快速赶到了童话城堡。就要见到美丽的公主和帅气的王子了，好激动啊！

演出开始了。伴着管家娓娓动听的演说，一大群衣着华丽的人物登场了：神秘的阿拉丁和公主、美丽的白雪公主、活泼可爱的小美人鱼、最默契的姐妹艾莎和安娜……在盛典即将结束的时候，真正的主角米奇和米妮上场和大家告别了，游客们纷纷拿出手机拍照。

之后，我们还看了"冰雪奇缘：欢唱盛会""人猿泰山：丛林的呼唤"等室外演出。夜幕降临，我和妈妈依依不舍地回家了。

下次见，梦幻迪士尼！

那些明朗的微笑

　　像是有无限的力量蓄势待发，连走路都变成了跳，书包里母亲刚洗刷好的筷子、勺子在餐具盒里"开火"，霹雳啪啦的声响却丝毫影响不到我的好心情。

马虎的妈妈

许宇璇

我的妈妈真的有些马虎，说起她马虎的事，就是三天三夜也说不完……

"宇璇啊，快找找我的手机！"妈妈又叫我了。"宇璇啊，快找找我的××"这句话都快把我的耳朵都磨出茧来了。

"来了！"我应和着跑过去。

"哎呀！我的手机不知道放在哪儿了，快找找！"妈妈急促地说。

我慌忙找了起来，终于在花瓶旁边找到了她的手机。

"哦，太好了，我刚才接了个你老师的电话，就忘了放在哪里了。对了，你的老师刚才说……"说到这里，妈妈忽然不说话了，显然她是忘记了。

"妈！老师说什么了？"这下可把我急坏了。

"哎呀，老师说什么来着？等我想起来再告诉你吧！"

"唉……又忘了。"我只有无奈了。

妈妈马虎的事情还有很多呢，比如我们家明明在四楼，她却上了五楼；比如剪刀明明在手上，她还到处找剪刀……

半夜里，我在床上翻来覆去睡不着。忽然，门开了，一个人蹑手蹑脚地走了进来，是妈妈。我假装睡着，想看看妈妈要干什么。

　　妈妈借着手机微弱的光，走到窗口，把窗帘轻轻拉上了；又走到电脑桌前，把显示器与耳机的灯都关掉，再把蚊香片换了一片。她看到空调上温度显示26摄氏度高风，于是拿起遥控器按了按，变成了28摄氏度小风。最后，她走到我的床前，轻轻地把我的手放进被子里，把被子拉了拉，弄平，然后慢慢地俯下身，在我的额头上留下了一个温暖的唇印。

　　我感觉有一股暖流涌上心头，眼睛湿湿的，鼻子酸酸的。原来，我每个夜晚的美梦，都是妈妈细心创造的啊！

　　虽然在生活中，妈妈还是经常那样马虎，但是她为我做的一切，都是那样细腻，充满着浓浓的爱意。这爱意，如一股和煦的春风，温柔地吹拂着我的心田……

那些明朗的微笑

孙凯正

　　在湛蓝的天空上，几簇白云懒懒地飘浮着，屋檐上的喜鹊断断续续叫了好长时间。"妈，我这次肯定能考好。"我胸有成竹的样子让母亲一怔："为什么？我看你复习得也不算太好啊。"我把头扭向窗外，朝西南方向抬了抬下巴："喏，喜鹊都叫呢。"母亲微笑着说我胡闹。

　　像是有无限的力量蓄势待发，连走路都变成了跳，书包里母亲刚洗刷好的筷子、勺子在餐具盒里"开火"，霹雳啪啦的声响却丝毫影响不到我的好心情。

在每天早晨相遇的地方，晶结结巴巴地说让我好好考，话音未落，她不好意思地微笑着低头自嘲。我很自然地咧开嘴笑了笑，用力拍打她的肩膀："你也好好考。"一直这样互相拍着对方的肩膀，直到感觉酸痛才停手。她丢给我一个明朗的微笑，转身走掉。

自信满满地从书包里拿出英语书念课文，见一重点未标记便又将手伸进书包掏笔袋。可我摸到的只有冰凉的书本和一个无用的胶带，恍惚间满教室的喧嚣凝成我错愕的表情。

"怎么了？"窘迫的神情被涛看破。

"我……笔袋没拿。"

是谁将我从悬崖上无情地抛下深谷，又是谁为我堆砌起同样的高度。

她用纤细的手指夹起两只中性笔递到我的眼前，动作那样顺畅，没有语言，却不感突兀。她那明朗的微笑照亮了我刚刚黯淡下去的容颜。"我的给你吧。"小涛说道。

手中的笔越来越多，同学们明朗的微笑化作甘甜的细流，浸润我干涸的心田。

"杰哥（班主任）"的手机响，"一会儿去传达室拿你的笔袋，你妈妈马上就送来了。"我将明朗的微笑与温暖的中性笔一并还给他们，一一道谢。

傍晚。屋檐上的喜鹊飞到枝头。"今天表现不错哦。""别贫。"妈妈明朗的微笑与我相对。

明朗的微笑，霎时令我的世界春暖花开。

有时，我们只需要羡慕自己

郑如婷

在生活中我们会发现人们往往羡慕别人有多么好，却忽略了自己本身所具有的优势，情形恰如下面的这则寓言：

猪说，假如让我再活一次，我要做一头牛，工作虽然累点儿，但名声好，受人怜爱；牛说，假如让我再活一次，我要做一头猪，吃完就睡，睡完就吃，不出力，不流汗，活得像神仙；鹰说，假如让我再活一次，我要做一只鸡，渴有水，饿有米，住有房，还受人保护；鸡说，假如让我再活一次，我要做一只鹰，可以遨游天空，云游四海，任意捕兔杀鸡。

对于上面的这些动物朋友们，我想说：干吗总是羡慕别人，为什么不多想想自己本身的优点呢？猪哥哥，你虽不太讨人喜欢，却任劳任怨、憨厚老实；你吃完就睡、睡完就吃也是为了多长肉啊，那就不必太在意别人的看法，只要做到问心无愧就好。牛大哥，你的工作虽然累，没有猪哥哥的生活舒适自在，但是你却受人怜爱，备受夸赞；你在方便了人们的生活的同时，也亲身体验到自己的奉献为人们带来的丰收喜悦。鹰老弟，你翱翔在天宇的自在与幸福是多少人梦寐以求的呢！至于鸡妹妹，你虽然不能高飞，但饿的时候叫几声，就有吃的，你如此受人爱护，还有什么不满足呢？

生活中的你我又何尝不是这样呢？总是羡慕别人而看不到自己的优势，只会陡增烦恼！

回到那次象棋比赛中。一想到对手那犀利的马后炮，我满满的自信就土崩瓦解。这时，好友小A对我说："你的车用得多好，为什么不充分利用你车的优势打败他？！如果你过于在意他的马后炮，那你就一定会输。"我听取小A建议，努力发挥自己的优势，从容不迫，步步为营，以2比1的成绩取得了最终的胜利。

有时候，就是这样，只需羡慕自己。因为，欣赏自己，就会比别人多一分勇气。

等待考试成绩的日子

036

熊皓宇

自从考试结束，不算周末，有整整四天的时间，每天晚上我都会躺在床上看着天空问星星："星星呀星星，你知道我的分数是多少吗？"

考试后第一个上学日

考试过后，本应该放松一下，但我却紧锁眉头，绞尽脑汁地想自己在考试的时候是不是犯了什么错误。在我的脑海里，只有时钟"嘀嗒嘀嗒"的声音。"今天不会出成绩，哪有这么快的？"庞老师的话打断了我的思绪，让我暂时镇定了下来。

回家后，我对爸爸妈妈讲了考试的事，他们只是淡淡地说："放松，不要担心，一切靠自己。"

考试后第二个上学日

上午第一节课是语文课，我还没进门，就看到讲台上有一摞纸。"那是什么？是试卷吗？"我暗想。

"丁零零……"上课铃声好像威严的命令，我们立即回到座位坐好。庞老师走进了教室。我死死地盯住讲台上的那摞纸，握紧了笔头。我正想问庞老师是不是要发试卷了，庞老师却抢先一步说："试卷还没有改完，可能明后天发。"这句话就像一把铁锤，把我们紧绷的心都砸裂了。"啊——"全班同学不约而同地松了口气。

考试后第三个上学日

"怎么说今天也该出成绩了吧？"姚琪杨说。

我也陷入了沉思："不知道庞老师到底是什么用意。等待不是办法，还是去看看吧。"

我匆匆忙忙地跑到庞老师的办公室想一探究竟。但，就这样莽撞地进去不太好。于是，我来到办公室门口，站在一个最有利的位置偷偷观察。我看到庞老师的嘴里不知在念叨着什么，他的目光扫视着桌面上的卷子，用红笔画了又画。突然，他把笔一放，站起身来，像是要出办公室了，我赶紧转过身，一溜烟跑回了教室。

看来，今天又没戏了！

考试后第四个上学日

今天是周一，早上有点儿堵车。眼看就要迟到了，我急匆匆地往教室赶。一进教室，我就听见有人在议论："再不发试卷，庞老师就神了！"其实，我也是这么想的：拖了这么久，干脆不发算了！但姚琪杨却摆出一副很正经、很虔诚的样子，说："今天有不祥之兆！"

整个上午风平浪静，很快就过去了。下午的信息技术课，任课老师出差，就改成语文课了。顿时，我心乱如麻。

庞老师不知什么时候进来了，大家都眼巴巴地望着他。他清了清嗓子，平静又严肃地说："这次考试，只有一个人得了九十几分。"我惊呆了，整间教室仿佛都凝固了。庞老师接着说："因为明天大家要去毛毛虫生态农场，所以今天就不发卷子了……"我的大脑乱哄哄的，已经听不清庞老师后面说了些什么了。直到同学们的欢呼声响起，我才缓过神来。等待试卷的日子终于过去了，明天，就要有结果啦！

请你靠边站会儿

魏嘉兵

环顾周围，你的身影无所不在，你就像一块磁铁，不知多少目光被你深深吸引，不知多少双手被你牢牢锁住，不知多少"距离"被你生生扯远。你就那样昂首挺胸地来到我们身边，渐渐占据着我们纯净的心灵。

美丽的风景里

春日的朝霞格外灿烂，柳絮在春姑娘的爱抚下轻轻摇摆，嫩绿的新芽钻出泥土，渴望一场春雨的滋润。虽然和姐姐一同来游玩，但是这里只有我单调的欢笑，我坐在石阶上，亲切地喊着："姐！这里多美啊！"没人应，我歪头一瞧，我那亲爱的姐姐正小心地捧着你，一双纤纤细手在你脸上飞快地点着，画着。姐姐远远地站在风中，面朝着绚丽的彩虹，双眼却紧紧地盯着你。我只得无奈地瞪瞪你，撇过头，抓起一把石子儿，一粒粒摔向河中。我皱着眉头，无奈地发问：你使用了什么魔法，遮住人的双眼，教她无法领略这美丽的风景。

热烈的呼唤中

039

炮仗声"啪啪"地响在耳际，烟花带着声声欢呼，散开一个个美丽的梦想。就在这个灯火通明的夜晚，淡淡的饭香勾起我心中浓浓的亲情。我看着家人的欢笑，听着酒杯清脆的碰撞声。一个身影定格在我的目光里，旁边大手上躺着的还是你。"哥！你快过来呀！"我喊道，可表哥依旧斜靠在门边，像一座雕像，一双手没有丝毫颤动地握着你，眼中流露着呆滞的神情。我不由得低下头，看着一副干净的碗筷空空地躺在桌上，伤心地问道：你使用了什么魔法，遮住人的双眼，教他无法听见亲情热烈的呼唤？

寂静的餐厅里

夜幕在时间的催促下降临，正是晚饭时间，星光下的餐厅却静悄悄的，我竟然能听到一根根手指在你身上轻巧地点着字母的声音。"妈，您想吃什么？"我打破了沉默。"随便！"一声干脆简单的应和切断了我话语的瀑布。"爸，咱们吃面吧？"我又问。"好！"他一眼没多看我就脱口而出。腾着热气的面被端上来，可你却占据了筷子的位置。"等一下再吃。"这句话总是响在我耳边。我已经吃了近一半，可是爸爸妈妈还未动筷子。妈妈手中的你，一个生硬的方框显示是在聊天，而对象竟是坐在对面的爸爸。我愤怒地看着你，朝你怒吼：你使用了什么魔法，使近在咫尺的两个爱人，成为相隔千里的陌生人？

手机，你只是人们手中的一个玩物，为何会使亲近我的人利用一切时间的缝隙玩弄你，把人们的心向相反的方向吸引，越来越远。我真的希望你能靠边站会儿，给我爱的人留出一些空间与时间。请你靠边站会儿，不要挡住张开双手的拥抱。

人生的道路

高泽旭

清晨，我一觉醒来，拉开窗帘发现地上、屋檐上多出了一层厚厚的雪被。妈妈高兴地说："真是瑞雪兆丰年呀，明年又会有一个好收成！"

吃完早饭后，我和妈妈开始商量怎样去学校，妈妈提出了"不平等条约"。因为妈妈有时脱不开身，不能送我上学，我只好找以前和我同行的姐姐去学校。我已经全副武装准备出发，却在妈妈的命令下停住了："中午就在学校的餐厅吃饭吧！"我接着应了声："好吧！"随后，推着自行车走远了。

我和姐姐推着自行车在小路上走着，与姐姐说："到马路上就应该好走些了吧！"来到马路上我本想着能大胆地骑自行车了，可在姐姐的话语中停住了，她很有经验地对我说："不要走有车轮轧过的路。"我不以为然地接受了。当我在雪地上骑着自行车时，突然发觉应该听取姐姐的意见。刚骑上自行车时，车把好像不听使唤似的失控了，最后倒了下来。我忍住疼痛使出浑身解数爬了起来，正要骑上自行车前行，却发现自行车的链条掉了。姐姐连忙走过来说："怎么了？"我不好意思地说："链条掉了。"我和姐姐废了好大的劲儿，终于修好了链条，我那沾满油渍的手都冻僵了！

来到学校，我回想着在路上的经历，因为有了这次的磨炼，所以让我变得更加坚强。其实在人生的道路上有着无数障碍，但只要勇往直前，不畏惧，一步一个脚印稳稳地向前走，不要为自己所做的事感到后悔，像小麦那样抗过严冬，等待温暖的春天，这样才能冲到人生的最高点。

041

那些明朗的微笑

我牵挂我的爸爸

李 波

牵挂一个人，既痛苦又幸福。

我的爸爸是一个普普通通的农民，为了一家人的生计，常年在外村打工，但为了照顾家里，他每天坚持回家，而他的交通工具便是那辆破旧的摩托车。

042

爸爸每天上下班都要经过一段十分危险的路，那段路，又高又陡，刚爬上山顶，就要飞驰而下，比坐过山车还恐怖。在那里曾发生过多起交通事故，路的下面就是万丈深渊，太险了！

为了养家糊口，爸爸必须每天穿梭在这条危险的路上。爸爸常说："为了你们，值！"

平时，爸爸总会在五点准时回家。可这天，已经五点半了，爸爸还没回家。我心里想，爸爸骑摩托车一向小心谨慎，一定是有事耽误了，别瞎想，爸爸一定没事。时间一分一秒过去了，六点了！就算有什么事也不至于耽误到现在。于是，我急忙拿起电话，一连给爸爸打了二十多个电话，但爸爸一个也没接。我推测，一定是路上的摩托车声音太大，爸爸没听到电话声，没错，一定是这样的！我不敢往坏的方面想。

正当我惴惴不安时，时钟嘀嘀嗒嗒地响不停，已经六点半了！

我更加忐忑不安，心如刀绞，失去了自信。在焦急，害怕了十多分钟后，我最终还是骑车去了那个路段。一想到爸爸倒在血泊之中的样子，我不禁吓得浑身发抖。庆幸的是，危险的山路上什么也没有发生。在高兴了几分钟后，我又陷入了绝望——那爸爸现在……在哪呢？还是回家看看吧！

回到家后，已经七点半了，我越想越害怕，但却不能停止思考，仿佛天塌下来了。我不由打开手机一看，里面有爸爸打来的多个未接电话，我兴奋地向爸爸打去了一个电话……

我多了一张嘴

沈蓉蓉

我一向喜欢说话。

那天，在家吃饭时，我像往常一样，一会儿说这儿，一会儿说那儿。父亲看我总说也说不完，十分生气："赶快吃饭，不要总是叽叽喳喳，口水多过茶！"

对于喜欢讲话的人来说，要他闭嘴不说话，简直比杀了他都难受。所以，我当时就突发奇想，希望自己能多长一张嘴，那样就可以一张嘴吃饭，一张嘴讲话——父亲就不会总说我光讲话，不吃饭了。不仅如此，上课时，有两张嘴互相补充，我那"口吃"的毛病也应该能"根治"了吧？！

第二天早上，我从睡梦中醒来。刷牙时向镜子瞄了一眼，差点儿惊讶地叫了起来——我竟然多了一张嘴！没错，我的胳膊上面长了一张嘴！梦寐以求的愿望突然实现，幸福来得这么突然，这让我十分激动。

匆匆吃完早饭，我怀着激动的心情跑到学校。还好，这张嘴巴闭着的时候不大容易被发现，直到教室，也没有引起别人的注意。

本以为多了一张嘴，我的生活可以更轻松，但我万万没有想到，这多出来的那一张嘴会给自己的生活带来多大的麻烦……

"铃……"上课了，第一节是数学课。"$x + y=5$，$x - y=1$，请问，x和y各等于几？"和往常一样，老师一提问，我就积极举手。好不容易老师让我回答，我原来的嘴巴刚说"x等于3"，可新嘴巴不知道是想出风头，还是什么原因，不听使唤，在一旁同时也喊了起来："x等于7，y等于6。""黄柢榕，你怎么搞的？捣乱是不是？再捣乱就出去罚站！"同学们也十分惊奇地望向我，有的则唯恐天下不乱，起哄道："黄柢榕，你成绩不是很好吗？怎么连这么简单的题目都不会？哦——一定是上课没听吧……"

为了不至于让自己的第二嘴暴露，吓坏大家，急得我连忙捂住那张嘴，"无奈"地告诉老师，说自己不会。一听我连这么简单的都不会，老师更来气了，连连摇头道："唉，下次再不听课，还不如收拾书包走人……"直把同学们听得哈哈大笑，个个都嘲笑我，说我连这么简单的题目都不会。

中午，我和同学们一起在食堂吃饭。我习惯性地喂了旧嘴巴一口，没想到新嘴巴不乐意了，它大喊起来："我也要吃饭！"那又尖又细的声音在安静的食堂上空转了好几圈才停下来。管理员听见后，走到我身旁问："黄柢榕，刚才是不是你在故意怪叫？你为什么要捣乱？"我知道，如果我说不是自己的话，查清之后肯定罚得更重，就只好"认罪"了。本以为顶多罚抄一两篇作文就算了，没想到偏偏在这个节点，新嘴巴又来捣乱了："谁说我说了话，我明明就在安静地吃饭。”这下完了，露馅儿了。在管理员严厉目光的威逼下，我只好极不情愿地拉开衣袖……在大家诧异的目光中，新嘴巴居然还在那里自顾自地“唇舞齿蹈”。

“这是什么！你有两张嘴巴？”同学们像看怪物一样看我，有的十分好奇，走上来左看右看；有的有些害怕，躲在别人身后；还有的唯恐天下不乱，竟然向老师借手机，想拍下发到网上……

好不容易在乱哄哄的食堂吃完饭，刚出门准备回寝室午休，我的胳膊就被两个一身白衣白裤，白头发白眉毛白胡须的老头一左一右地拽住了。“你们是谁？”我话音刚落，左边那个老头就迫不及待地说：“我是东方研究院的，你去我们那里吧！让我们好好研究一下你的嘴巴。酬劳嘛……好说！”右边一听，急得嚷了起来：“胡说，为什么要去你那儿？应该去我们西方研究院！我们有最先进的设备，最有实力的科学团队——我们，只有我们才能把你的嘴巴研究透彻！酬劳，你说多少就多少！”他们一边吵着，一边不断地拽着我往自己身边拉，谁也不让谁，全然不顾我痛得哇哇叫……

突然，我发现那两个人不见了，新嘴巴也不见了，此刻自己正被父亲一左一右拽着两只手，像拎着小鸡一般地被从床上拎了起来。一边拎，父亲还不解气：“都什么时候了，还不起床，都叫你好几回了！再不起床就要迟到了！”

请神容易送神难。原来这只是个梦，也幸好是个梦！不然，我就惨了。看来，很多事情不能只图一时之快，一旦没考虑周全，那将会麻烦不断，甚至是后患无穷！

冬日暖风

祝天天

乍起暖风，吹绿了心头。

——题记

今天天气不错，算是入冬以来最温暖的一天，可一想不到十天就要考试了，心中不禁乍起了一阵凉意。

我早早地出了门，天还蒙蒙亮。我依旧在车站等车，不过我手里却多了本语文书。车来了，我立刻上去，居然还有座，我马上坐了上去，掏出语文书继续看。这时一位老人上了车，坐在我的右侧。

我借着车上的灯光打量着他：面色黝黑，满头白发，脸庞消瘦，却给人一种精神矍铄的感觉。不过我没太在意这位老人，依旧在看书。

"很用功啊。"老人笑着对我说，"但你知不知道在车上看书对眼睛不好，车晃得那么厉害，视力会下降的。"

我一愣，只是迎面一笑，含糊地说了声"谢谢"。不一会儿，一位年轻的妇女抱着个一两岁的孩子上车了。我正犹豫是否需要让个座，我右边的那位老人，在我犹豫之时毅然起身把座位让了出去，并小心翼翼地把他们母子扶到座位上。我又愣了，十分尴尬，脸羞得通红，立刻起身请那位老人坐到我的位子上。而那位老人只是摇了摇头，朝我笑道："我马上下车了。"我突然发现他的牙好白，甚至耀眼，好像天空也被映亮了几分。

不久，老人到站了。下车之前还对我说："健康才是第一啊！"他又笑了。

我目送着他远去，直至那和蔼的背影消失不见，我心中不禁涌起一股暖意。我又翻开书，继续复习，为了考出好成绩不得不有所牺牲啊。但我由衷地感谢那位老人，我和他素不相识，他却那么好心地提醒我，现在的好人真是越来越多了，我心中的幸福也装得满满的。

窗外的寒风吹了进来，我却觉得暖暖的，这仿佛不是冬风，而是春风，细腻地拂在脸上，更甜在心头。

到站了，我下了车，感觉身上轻松了许多。忽然发现灰秃秃的枝头也好像绿了许多，天亮堂堂的，暖风乍起，也许春天马上就要来了吧？

047

我与爸爸换角色

张 帅

星期六晚上，我做完作业准备上床睡觉，爸爸神秘兮兮地拦住我说："明天我们做个游戏吧？""啥游戏？"我一下子倦意全无。"你做家长，我做儿子。""好！"我一边答应着，一边开始全面归纳平时受到的"不平等"的待遇，心里一阵窃喜，打起了坏主意：

那些明朗的微笑

"明天，让你好好享受享受。"

星期天早晨，我七点钟准时起床，蹑手蹑脚地走进爸妈的卧室，对着床头，把嗓音调得粗粗的："懒虫，起床了，太阳晒屁股了。"一边说一边"哗啦"一声拉开窗帘，爸爸迅速将被子往头上一蒙，继续呼呼大睡，嘴里嘟囔着："谁啊？这么早！"我有点儿小得意，十分生气地上前把爸爸的被子用力往下一拉："快点儿洗脸吃早饭，马上！不要养成这种懒洋洋的坏习惯。"突来的凉意让爸爸一下子从睡意中清醒过来，马上像模像样地回答了一声："是，长官。"

吃完早餐后，爸爸开始这边瞧瞧，那边摸摸，一副无所事事的样子。我脑袋里迅速搜寻爸妈平时管理我的镜头，马上催促道："快去做作业呀，要不晚上又要熬夜了！""哦，这就去。帮我倒杯水。"爸爸有模有样地走进书房。我立即跑进厨房，拿起热水瓶倒水，发现里面空的，迅速灌了一壶水，放到烧水器上，趁机溜到客厅里看电视了。屁股还没焐热，书房传来爸爸的声音："爸爸，水呢？""马上来。"我只好丢下电视机去检查水烧好了没。来到书房里，只见爸爸坐在书桌前津津有味地拨弄着橡皮。"你怎么不做作业？""我在等你给我倒水喝呢。"我赶紧来了个奖励机制："十页'计算能手'，做完让我检查，全对的话奖励半小时游戏时间。"这招果然奏效，爸爸开心地直呼："哦耶！"说完，爸爸开始奋笔疾书，我电视还没看上几分钟就被叫去检查了。爸爸一本正经地："检查吧，说话可要算数哦。"我学着妈妈的样子，拿来计算器一道一道计算起来，果然姜还是老的辣，竟然全对。我只好不情愿地说："恭喜你全对。"话还没说完，爸爸飞也似的跑进卧室玩起了手机。没过一会儿，我又被他叫去干活了："我要吃西瓜。"我不敢拿刀，只好拿出半个西瓜，抓着勺子，把无籽的瓜瓤挖出来，递给他吃。

忙忙碌碌的一天很快过去了，角色互换的生活充实又疲惫，我真真切切地感受到父母对子女无私的奉献，也明白了学生的任务和肩负的责任。

爸爸醉酒以后

郎正啸

爸爸平常不大喝酒，但朋友相聚时总会畅饮一番，有时为了工作上的应酬，也不得不喝上几杯。这不，偶尔喝多了还弄出一些啼笑皆非的事儿。

前几天，爸爸在南京工作的朋友到兴化来玩，约我们一家去聚一聚。中午，爸爸带我去了"老坛泡菜"饭店。朋友相见，格外高兴，爸爸豪爽地陪他的朋友们喝了一杯白酒、两瓶啤酒。回家的路上，我坐在自行车后面，明显感觉到车摇摇晃晃的，路也显得颠颠簸簸，看来爸爸今天真喝多了。我尽量不动，也不说话，因为真担心他一不注意会把我和他自己从车上摔下来。

一到家，爸爸就躺在床上呼呼大睡。妈妈下班回来了，爸爸也醒了，边开房门边嘟囔："啊呀，太阳都升那么高了！怎么一觉睡到了早晨？吃过晚饭赶紧买菜去，下午还要去安丰呢。"一听这话，我拍着桌子大笑起来。看来爸爸这次真是醉糊涂了，只看到窗外的一缕阳光，却分不清是朝阳还是夕阳了，将傍晚当成了早晨，还把晚饭说成了早饭。妈妈想逗逗爸爸，就凑过去，笑着问："你，还认得我是谁吗？"爸爸推了一下妈妈："你这'朱'头，我怎么会不认识！"妈妈一点儿也不生气，笑着说："搞什么呀，你真是喝多啦。"看着他们俩像孩子一般打闹，我在一旁笑得更开心了……

爸爸喝醉的趣事还不止这一件呢。那天晚上，我和妈妈准备熄灯睡觉时，爸爸才从外面吃过晚饭回来。他到卫生间洗澡，也不管我那时候正坐在马桶上。我看他在莲蓬头下冲了水后，竟然迷迷糊糊地拿洗衣服用的"雕牌"肥皂往身上擦；我用的"儿童浴波"被他挤出一些抹在头上，还将泡沫球放在头上揉来揉去。看着爸爸的糗样儿，我一直"咯咯"地笑，爸爸莫名其妙地看着我，不知道我为什么笑。唉，爸爸这次又喝多啦！

酒喝多了真不好，以后我得劝劝爸爸，让他戒酒，这样就不会再发生这样的事情了。

永恒的回忆

张英杰

今天放假，我回到家中闲来无事，于是就翻开了我小时候那本厚厚的老相册。相册中许多照片都已泛黄，里面有许许多多的照片。我一张一张地细细回味着，儿时的一点一滴便清晰地浮现在眼前。看到那张时，我停住了……

照片里是两个小男孩儿在公路旁边手拉手，但显得很伤心地样子……看着它，我想起了童年。那已经是许多年前的事了。那时，我仅仅八岁，因为常喜欢耍些小脾气，和我一样大的小朋友都不愿意和我玩，因此，我老是一个人在自己家的院子里静静地玩泥巴，直到有

一天，我认识了他。

他叫来雨鹏，和我一样大，有一次他和他妈妈来我家玩，我才认识了他。他为人很好，干什么都让着我，就像我的大哥哥一样。记得有一次，我被高年级的学生欺负，是他用自己瘦小的身体挡住了他们雨点似的拳头，他的头被打得起了好几个大包，而我却一点儿事也没有。从此，我和他成了形影不离的好朋友。我们一起上学，一起玩，一起吃饭……后来，他要转学，我们都舍不得对方！但，现实是残酷的，我们两个在照完这张照片后就分开了。分开后我哭了好长时间，那是我最孤独、最痛苦、最难熬的日子！后来，随着时间的流逝，我才慢慢地习惯了没有他的日子。

如今，时光荏苒，我只能通过照片来回忆我的童年。我把照片小心地夹进我的相册里，让它成为我永恒的回忆……

臭美的人

陈婉婷

"怎么样，我美吗？"她挺直了腰板，噘起樱桃般粉嫩的嘴唇，对着清澈的小溪和水下的生物说着悄悄话。

她长着一双空灵澄澈的大眼睛，时不时像星星般眨着。高高的鼻梁上挂着象征她博学多才的标志物——眼镜。她喜欢鼓着肉嘟嘟的粉嫩的腮帮，她的樱桃小嘴下藏着纯白的牙齿。

的确，她很美，也不怪她臭美。美与臭美附加在她身上，美胜过

那些明朗的微笑

了臭美。她的家住在清澈见底的小溪旁，周围绿树成荫，是一个环境优美的地方。没有汽车的鸣笛声，没有砌房子的喧闹声，没有学校琅琅的读书声。她每天在家都要照不下十次的镜子，她还特地备了个小镜子——专门在学校用的。每次上课之前她总要看看她漂亮的脸蛋，就连上课她都在想：我今天的衣服搭配得合适吗？今天我美吗？她无疑是个臭美的人。

可是在臭美之余，她还不忘帮助贫困儿童，帮助班上的同学。那一次，我亲眼见她买了许多笔，送给班上的那位贫困学生。她每次看见电视上关于贫困儿童的报道，总是会潸然泪下。尽管她再怎么舍不得她宝贵的衣服，她还是咬咬牙，把衣服捐了出去。她虽然臭美，但她天资聪颖，所以她学习很好，还利用课余时间，帮助同学解决难题。

臭美不也是美的一种体现吗？没有美，又怎会有信心、有资本臭美呢？而她的美与她的臭美并存，显得独树一帜。

她的爸爸到另一座城市工作了，她当然也会搬走。朋友，我们在大雪纷飞的一月挥手告别，眼睛里闪烁着晶莹的泪光，彼此互道珍重。即使你再怎么臭美，我依旧愿与你做伴。那天，我发自肺腑地说了一句："朋友，你虽然很臭美，但我真的觉得你比我美。"那一天，你转涕为笑，我也憨憨地笑了。

朋友，你现在身在何处？臭美的人，你现在过得好吗？

彭金宝的礼物

彭　彤

彭金宝是我从楼梯间捡回家的一只小狗。

记得那天晚上，我们全家人坐在沙发上看电视。妈妈一边看电视一边玩手机，突然，她把手机拿给爸爸看，并说："是谁把这么小的狗狗放在楼道里了啊？"我赶紧凑过去，只见有人在妈妈的微信业主群里发了一条消息，说在14楼的楼梯间有一只被人遗弃的小狗，并附上了一张小狗的照片。看照片，它像是一只"串串"。妈妈说，它有金毛犬的血统，而且狗狗进门是"招财进宝"的兆头。本来，我们只是想下去给它铺个狗窝。最终妈妈受不了我的再三请求，小狗正式成为我们家的一员，并得名"金宝"。

彭金宝来到我家后就一直长一直长，从一个瘦不拉唧的小不点儿长成了帅气的"汪星人"。它时刻不忘"滴水之恩，当涌泉相报"的道理，时不时给我们全家带来一些意想不到的"礼物"。

一个盛夏的雨夜，彭金宝带了一只半死不活的老鼠回家，吓得妈妈在厨房大叫爸爸。爸爸把老鼠"处决"了，又给脏兮兮的金宝洗澡刷牙。那一次，彭金宝被罚待在笼子里，一天不许出去玩。但它还是不长记性，没过多久，它又咬了一只刚刚孵化出来的小鸟回家。妈妈罚它站墙根，让它把鸟顶在头上反省。

金宝最后一次送这种哭笑不得的礼物，是我们去长寿湖游玩的时候。它居然从湖里拉回一条死鱼，还甩了老妈一身水！后果可想而知——它的"游玩权"被收回，只能去车上等我们。

用妈妈的话说，一岁多以后，金宝开始变得稳重了，它开始知道什么能往家里弄，什么不能。它会帮妈妈拿拖鞋，也能帮妈妈把喝过的酸奶瓶还给楼下便利店的阿姨，但它依然是一只多管闲事的狗狗，它依然喜欢咬老鼠，但不再把老鼠带回家。当然，门把手上的报纸，它还是会咬回家，像献宝一样，摇着尾巴送给爸爸。

这就是我家可爱的金宝，我们一家人最爱的金宝。它又何尝不是上天赐予我们的礼物。

外公和他的小魔女

卢玉晶

我从小就没有了爷爷，是被外公捧在手心里长大的。我不是那种优雅的小淑女，更像个十足的小魔女。在乡下度过的童年时光里，记忆中的我似乎老是在惹祸。不是惊到了邻居家的老母鸡，就是绊倒了隔壁家的晾衣杆，天天闹得鸡犬不宁。我有时会钻进脏乎乎的鸡笼里去捡鸡蛋，有时会把邻居家刚长出来的玉米苗割了，拿回家喂猪。邻居们都知道我是个爱闹腾的小丫头，家里有什么东西被破坏了，第一反应就是来找外公。我在前边惹祸，外公就追在后边收拾我的烂摊子。该道歉的道歉，该赔钱的赔钱，我们祖孙俩成了邻居茶余饭后聊不完的话题。

　　还记得那是一个大热天，我和几个小伙伴来到河边比赛打水漂。我们抓起一把石子儿，正要往河里投，却发现河里有人在游泳。别的小朋友都无奈地放下了石子儿，只有我"砰"的一声，将石子儿投向了河里，石子欢快地在水面跳跃着，一下子泛出好几圈涟漪。我银铃般的笑声回荡在小河上空。

　　"啊啊啊！"突然，一道尖锐的叫声划破天空。接着就见有人"腾"地从水里冒了出来，溅起好大一朵水花。"哪个杀千刀的敢扔我，站出来！"

　　我一看是炎哥哥。见没人回答，我弱弱地回了一声："我。"

　　炎哥哥怒气冲冲地看了我一眼，一声不吭地跑了。我清楚地看到他胳膊上青了好大一块，不用猜，肯定是找外公告状去了。我急忙跑回家，果然，一进家门，便看见外公黑着一张脸，浑身充满杀气。他指着炎哥哥胳膊上的瘀青，阴沉沉地问我："怎么回事？"我硬着头皮，低着头说了句："我不是故意的。"

　　外公赶紧带着炎哥哥去医院，让医生给炎哥哥消了毒，涂了紫药水，外公还买了一箱牛奶给炎哥哥并送他回家。赔礼道歉完毕刚回到家，我以为外公会把我痛揍一顿，就躲在柜子里让外公看不到我。外公到处找我，喊了半天没人答应，就出门了。一会儿，他急匆匆地回来，眼睛朝柜子瞥了一眼，接着不急不忙地给自己沏了一壶茶，打开收音机，坐在门口悠闲自得地听起来。

　　这下轮到我为难了，怎么办呢？我小声地学猫叫，外公假装没听见。我又来了两声小狗"汪汪"，外公还是没听见。我小声地叫"外公"，他还是不理我。我急了，干脆从柜子里跳了出来，跑到外公耳边大声叫："外公！"外公本来佯装生气想教训教训我，被我这么一叫，忍不住笑了起来……

　　我和外公在一起的日子，几乎每天都会上演这种戏。虽然我总是

那些明朗的微笑

闯祸，给外公惹来麻烦，但外公一直都是乐呵呵的。有我在身边的日子，外公的笑容多了，话也多了。但愿我能一直做外公生活中的小太阳，带给他无限的温暖。

挥之不去的记忆

柯云轩

枕在往事上看天，总有一把小小的钥匙，浮现于清纯的原野，成为一道挥之不去的风景。

——题记

056

那年冬天，一放寒假，爸爸妈妈就兴高采烈地忙着把家搬去城里的新房，而我却高兴不起来：镇上，有那么多熟悉的同学，还有朋友；搬去城里，就只能与陌生人一起，还不知道处得来处不来。一个月的寒假，肯定会在孤单中度过。

果然，不出所料，新家的左邻右舍似乎都非常神秘，也非常忙碌。电梯里相遇，连点头或微笑都没有；住在对门的，天天大门紧闭，难得开门也是轻轻一闪就没了人影。一周下来，我孤单得快要疯了。

妈妈却对此见怪不怪。那天早上，她安慰我："住在这里的不是上班一族，就是生意人。大家各忙各的，其实也挺好。""唉，妈妈呀，我只想寒假时有个伙伴陪着。可这个极简单的愿望，却在这个新家中无法实现。"我正诉着苦，门铃响了。妈妈小心地走到门前，透过猫眼看了看，又谨慎地问是谁。

一个清脆的女孩儿声从门外传来："阿姨，是我呀，月月。住您楼下的邻居。"妈妈听后这才把门打开："有什么事吗？"月月看起来比我大不了多少，齐耳短发，红色边框眼镜都可以看出她属于学习很用功的那一类。我正仔细打量着，她脸一红，不好意思地解释："我想放一把钥匙在你们家，可以吗？我爸爸妈妈都在外地上班，还没放假；平时就我和奶奶两个人。这两天奶奶有事回老家了，我又有点儿粗心大意，要是哪次没带钥匙出门……被锁在门外，就麻烦了……所以才想到要麻烦你们。"

放一把钥匙在我家？我和妈妈面面相觑：她为什么要放钥匙？她凭什么相信我们？又为什么不放在亲戚朋友家？大概是看出了我们的疑惑，月月红着脸，低声地："俗话说'远亲不如近邻'，大家住在一起，就是缘分。我信你。"说到这儿，她看了看我。

月月双颊的红，像一枚光荣的勋章，我立即答应："好的，好的，就放我们这儿。你忘带钥匙的时候，就来取。"话音刚落，妈妈也连声称好。月月高兴得笑起来："我就知道你们一定会帮我这个忙的！"她的笑像一束温暖的阳光，温暖了我日渐焦灼的心。

月月并非她所说的那样健忘。钥匙自从放在我家，她一次也没取过。可是，因为"钥匙事件"，我和她渐渐熟悉起来，终于成为无话不谈的好朋友。也因为有了月月，那个寒假我过得很开心。感谢信任，感谢月月，感谢那一段美好而挥之不去的记忆。

我们班的"娘子军"

廖凯龙

《杨门女将》这部电影大家比较熟悉吧，里面的杨家女将在沙场上一展英姿，奋勇杀敌，势不可当。在我们班也有这么一支"娘子军"，她们个个才艺非凡，成绩优异。尤其是前三号"娘子军"，她们的威名是无人不知，无人不晓。

"娘子军"一号乃我们班的"班头"——朱雯怡，她主管所有的"娘子军"。别看她个儿小，说来也怪，大伙儿特别敬畏她。平时老师不在的时候，她带领"娘子军"把班级管理得井井有条。只要有她在，没人敢猖狂，她说一句没人敢说第二句，她可是以理服人的！

第二把交椅乃属我们班的学习委员——赵艺璇，她堪称我们班的"纪晓岚"，主要负责为班级管理出谋划策。同时，她还是个写作高手，仅这一学期，就发表了六篇作文，简直"傲视群芳"。

三号人物乃我们班的纪律委员——顾镇澜，她体育特好，我们班男生能跑过她的只有两个人，更何况她已经取得跆拳道黑带了！你说，男生谁敢招惹她！

"娘子军"当中我最佩服的要数"铁齿铜牙"赵艺璇了。一次检查作业，我们班的作业"困难户"杨烁随便交了一个空本子想蒙混过关，结果还是被赵艺璇发现了。她径直走到杨烁跟前，像老师一样严厉地问："你的作业本呢？"

"我……我不是交了吗？"杨烁小心翼翼地回答。

"交上来了？哼，一个空本子，骗谁！"她抖了抖手上的本子，严厉地责问道。杨烁脸涨得通红，哑口无言地低下了头。

她逼问："为什么不交作业？"

杨烁吞吞吐吐地说："我……我没带。"

"忘带了？要是战士在战场上忘带枪了，行吗？"赵艺璇大声质问，说得杨烁无地自容，一直低着头。

"我补还不行吗？"杨烁只好举手投降。

怎么样，我们班男生见了"怕"、女生见了"乐"、老师见了"爱"的"娘子军"，堪比杨门女将吧？想了解更多关于她们的故事，那就来我们班吧！

那些美妙的瞬间

张　炜

微　笑

上语文课，我爱习惯性地与教室外的老师打招呼，并轻轻地挥挥手，冲他微微一笑，每当这时，他便也回我一个淡淡的微笑。今天下午，当我像往常一样踏进大门时，见到正在打印机前忙碌的他，正要"付诸行动"，却看见他抬起头，停下手中的工作，扬起手，向我微微地挥动着，嘴角扬起了一个彩虹般的弧度。那一刻，我的心，也被彩虹妆点得"七彩缤纷"。

心扉最愉悦的时刻，莫过于给人一个微笑，得来一片春天。只是一个微笑，便拉近了两个原本陌生的心。

幸　福

循环播放着轻柔曲调的肯德基大厅里，我站在队伍中，像许多烦闷的人一样，准备买一支甜筒，驱走炎炎夏日带来的燥热。

一个清脆的声音突然响起，如玻璃撞裂，钻进了我的耳朵，循声望去，一个手持气球的女孩儿正快乐地唱着歌，丝毫不介意周围的目光，"妈妈！"那女孩儿突然叫起来，"我——爱——你！"旁边的女人笑了。我想她以及她的女儿必定是此刻最幸福的人。

当我们能够感觉愿意感觉的东西，说出所感觉到的东西时候，就是幸福的时刻。

060

温　暖

每逢盛大的节日活动，总是能在茫茫人海中，看到某些人，或是一条裤腿在风中飘荡，或是趴在地上，艰难地匍匐。

我未注意过他们，只因纷繁复杂的社会，蒙蔽了我分辨真假的双眼。

那年的糖球会，格外冷，我行走在拥挤的人群中，望着那些令人垂涎欲滴的小吃，不经意间瞥见，一个乞丐在寒风中瑟瑟发抖，顿时心生怜悯，却看见一位衣着不算华丽的阿姨递给了他一份"朝鲜炒糕"，他感激地向她磕头，阿姨摆摆手，消失在了人海中。寒冷的初春，她以火热的心温暖了我和那个乞丐。

善良，温柔似水，暖如春风，为那些寒冷的人带来一丝温暖。

为自己鼓掌

沈超强

珍珠，圆润如玉，让人移不开目光；

沙粒，随风飘扬，让人羡慕不已。

——题记

"啪啪啪……"电视中响起雷鸣般的掌声，这一刻让我想起四年级时的那别有意义的掌声。

四年级时，老师很信任地任命我为班长，一次，老师对我说："××，今天下午的班会你来开吧！""啊？"我不禁失声叫起来，对于从小就对那三尺讲台畏惧的我，这无疑是一个挑战。老师看出了我的为难，便对我说："××，别害怕，男生嘛，就要有上台演讲的勇气，出色的表现会让同学更加信任你。"听完老师的鼓励，我顿时信心倍增，有了尝试的勇气，却怕自己会在讲台上闹笑话。但是这是一次挑战自己的机会，我不能放弃！我一定会有出色的表现，不让老师失望，让同学们更加信任我。

一眨眼便到了班会时间，老师宣布班会开始后，我便上台了。刚开始还低着头支支吾吾。脸红红的，声音低低的，心里像揣着兔子一样怦怦地跳个不停。慢慢地，我抬起了头，脸色也恢复了正常，声音越来越高，普通话越来越流利。原本硬生生的声音也开始富有色彩，抑扬顿挫，像一只快乐的小鸟。不知不觉中，演讲完毕了，我微笑着走下了讲台，脚步似乎比上台时轻松了许多，台下响起了雷鸣般的掌声。看着老师脸上会心的笑容，我也甜甜地笑了。下来后，同学们都说我讲得好，他们的表扬让我觉得我真的很棒。让我对讲台的恐惧也烟消云散了。

我们在别人表现出色时，会给予他们最真挚的掌声。在我们表现出色时，别忘了给自己鼓掌。

胖子是如何炼成的

田丰宁

062

"呼哧呼哧……"才走上3楼，我已经气喘吁吁了。唉，胖子的烦恼可真多呀！

胖子是如何炼成的呢？这还得从十二年前说起。

听妈妈说，一岁那年，我又瘦又弱，生病是家常便饭。于是，一断奶，肉就成了我一日三餐里的必备品。

两岁那年，我十八斤。奶奶看在眼里，急在心上，说："邻居家的孩子两岁都二十多斤了！"于是，我的三餐中又多了一个鸡蛋。

七岁那年，我六十九斤。那时的我特别爱吃肉，离开了肉就不吃饭。奶奶变着花样儿让我吃肉，今天红烧肉，明天炖排骨，后天酱牛肉……吃得我快变成一头小肥猪了。这下奶奶高兴了，逢人就说：

"俺家大胖孙子就爱吃肉，胖嘟嘟的，多惹人爱。"

十岁那年，我九十斤。妈妈说："可不能再吃那么多肉了，你已经是班上最胖的一个了。"可奶奶却说："不胖不胖，还不到一百斤呢。"于是，奶奶总是在妈妈看不见的时候，偷偷把肉往我嘴里塞。

十一岁那年，我一百多斤了。妈妈着急地说："你现在可是一头名副其实的小肥猪了。"

胖胖的我动起来很不方便，于是，我下定决心减肥。减肥，首先就要和心爱的肉告别，可没有了肉，我觉得饭菜没滋没味的。看到我的饭量小了，奶奶可不干了，她唠唠叨叨地说："人是铁饭是钢，一顿不吃饿得慌。这样下去可不行。"于是，肉又重新返回了我的餐桌。

十二岁，我一百二十斤。我觉得自己真的好胖呀，走起路来肉都跟着颤动。我要减肥！我不要再胖了！

唉，这年头，一旦炼成胖子，减肥谈何容易！

老爸也爱"十字绣"

刘　盈

绣花，一直以来都是女孩子的爱好。可你能想象吗？我的老爸——这个平时做事粗枝大叶、说话高门大嗓的男子汉也爱上了十字绣，堪称奇闻一桩吧？

那天逛街时，老爸看上了一套很漂亮的十字绣，便忍不住买了下来。妈妈看到这套十字绣也连赞图案好看，可想到手上还有一幅没有绣完的作品，便说要先绣完那幅再绣它。一向急脾气的老爸可等不及了，便想出了一个奇招——自己绣。

"就凭你？不出三天，准烦。"老妈听了老爸的计划不由得嗤之以鼻。老爸也不甘示弱："你别门缝儿里看人——把人看扁了，不信，咱们骑驴看唱本——走着瞧！"说罢，转身开始研究图样，穿针引线。老妈眼看拦不住他，回头对我挤挤眼扮了个鬼脸，幸灾乐祸地说："就他那个笨手笨脚的样子，咱们过两天就有好戏看了。"

老爸毕竟是男人，做起女人的活来真是困难重重。他最先遇到的拦路虎是针，由于老爸手劲太大，常常把针弄弯，再想穿进那小小的绣洞简直是难上加难。常常是针穿到半截儿就卡住了，需要反复变换方向才能勉强"过关"。经过几次尝试，老爸终于摸出了其中的窍门——轻轻捏针，果然就顺利多了。好不容易克服了针的难题，老爸却又让线"缠"住了。因为没经验，他用的线不是太长就是太短，长了总是绕成死扣，好半天才能解开，实在解不开只好扯断；短了花样没绣完，线却用完了，只好再穿线。别人绣花是温柔、典雅，可看老爸这架势，就像跟十字绣有仇似的，简直是在用针虐待绣布。

可老爸始终没放弃，一有空就坐在桌子旁绣。熟能生巧，几天下来他的技术渐渐提高了，速度也变快了。因为爱上了十字绣，老爸放弃了许多打牌的机会；因为爱上了十字绣，老爸经常忙到晚上十点多，连不离口的烟也来不及抽了；因为爱上了十字绣，老爸可以一声不吭地一针又一针，一线又一线，再也不乱发脾气了。一个月下来，老爸竟大功告成。看着老爸的作品，虽然不是很完美，但也算是像模像样。我和妈妈看得心服口服，连声夸赞老爸。老爸得意洋洋地说："那是，也不看看我是谁的老爸，绣花这点儿小事根本不在话下！"

"十字绣"让老爸戒掉了烟，忘记了烦，断了打牌，静下了心，连身体也"绣"好了，真是一举多得。"盈盈，帮我把那卷线拿过

来。"瞧，吃过晚饭，老爸又拿出了一套新的十字绣，埋头绣了起来。

汽水喷泉

董建宏

今天中午，一吃完饭我就急忙赶到学校，因为老师已经布置了周末的作业，我得赶紧完成，星期天好好和朋友玩。

屁股才坐到板凳上，"扑通"一声，我循声找去，原来是同桌武诗茜的一瓶雪碧被我不小心碰倒了。武诗茜不在，我迅速把倒在桌上的饮料瓶扶正。刚刚准备写作业，那饮料瓶又一次遭殃了，我的语文书碰了它一下，于是我又一次迅速把饮料瓶扶正。眨眼的工夫，前面同学一个华丽转身把雪碧给推下了"悬崖"，只见雪碧从桌上来了一个360度的空转翻，随即落地，我见状立即去捡饮料瓶。还没来得及竖好，汽水的"火气"顿时冒了上来，它们争先恐后地从瓶盖上的小孔里蹿了出来，我连忙甩下手中的笔去堵，还是堵不住，汽水蹿得更带劲儿了，我只好放手离得远远的。汽水从瓶盖的小孔里向四周喷溅，简直就是汽水喷泉。这时全班同学都围过来了，许多同学大声尖叫："哇，真漂亮！"我也愣住了，但迅速反应过来，赶紧拿来教室前面的抹布，堵住瓶盖赶紧把雪碧瓶包好。周围一片狼藉：我的作业本、语文书，周围同学的桌子上、书包上，以及一些同学身上都被这汽水喷泉给溅到了。

一瓶小小的雪碧竟然有这么大的威力，我回家上网好好查了一下，原来汽水里充入了二氧化碳，摇动瓶子，瓶内的二氧化碳被释放出来，瓶内就会产生高压，雪碧瓶被碰倒过两次，最后一次干脆翻了个身，气体释放得更厉害了，加之瓶口上被摔出了个小孔，瓶内的压力就经由小孔从里向外释放出来，二氧化碳带着气泡一起喷出来，就形成了汽水喷泉。

献给敬爱的人

宋晶晶

若把她布满皱纹的脸比作沧桑的老树皮，她的眼神绝对如绿叶般充满希望与活力；若把她虚弱消瘦的身躯比作干枯的芦苇杆，她的精神绝对如新苗般饱含生机与朝气。

她的故事像晚霞绚丽，却又拥有晨曦的明媚；她的生命像冬雪高洁，却又怀抱春阳的灿烂。

她是我们深爱的老人。她是我的太姥姥，现年九十岁了。

她，白发苍苍，但那一根根银丝背后，带着无尽的关心与牵挂。我心中的她，虽然深居简出，但每一块砖瓦的背后，都带着她对过去的回忆。曾几何时，她早早起床，将几户人家的院子打扫得干干净净。夏季牛奶容易坏，她就帮着左右邻里把牛奶打好，煮开，以防腐坏。现在，她卧病在床，旧时的邻里隔三岔五就会来探望……妈妈说，这便是她步步走成的路。

我灵魂深处的她，虽然瘫痪在床，但却依然安静慈祥。每一个夜晚一定都有她难以忍受的病痛与寂寞。曾经，她常去街坊邻居家串门；那时，她一针一线缝制着精美的鞋垫、被罩；那时，她做着拿手的美味……而现在她日日卧病在床，却依然惦记儿女的健康、下一代的学习工作，永远保持着对生活，对他人的热情，乐观且坚强地生活着！

这就是她，我们深爱的老人。

她不识字，我却觉得她是全家的老师。她教会我们对他人要宽容友好；她教会我们遇到困难要勇敢坚强。她不富裕，我却觉得她是全家的财富。她教会我们对幸福要懂得珍惜；她教会我们对生活要乐观热情，乐于奉献。

她，是我们永远深爱的老人。

后 排 男 生

吴晓婷

"后排的那几个男生！上课像条虫，下课就像条龙！"老师在课堂上再一次停下来数落他们。而我们已经对这种情况见怪不怪了。

我坐在前排的时候，也会讨厌后排的叽叽喳喳声，也会恨他们的不上进，但当我也被调到后排时，我发现我错了。

课堂，他们很积极，但总被冠上起哄的罪名。其实他们是真的在积极回应老师的问题，只不过他们总是急于回答而答错，有时他们真的很无奈：为什么我很认真地回答却还是错的？我明明很积极地回答问题，配合老师，老师却说我起哄？

心灰意冷的后排男生于是就沉默了。听着老师讲题，听不懂，跟不上，脑开始不愿思考，心开始歇息——发呆。躯壳还在教室，灵魂飘到了缥缈的世界，思想被抽空，孜孜不倦的老师在激扬地讲，他们的听觉也消失了。言不入耳，景不入眼。发呆被人们评为史上最幸福的事，不用思考，不用烦恼，超脱物外。所以后排男生喜欢发呆，而且不只他们，这也是学生们喜欢发呆的原因。

不思考的大脑，麻木的大脑，接下来便是打瞌睡。打瞌睡更形象的说法叫"钓鱼"或"小鸡啄米"，沉重的大脑一点一点往下低，低下，抬起，低下……千斤重的眼皮在打架，眼皮缓缓闭着，刚一合紧就害怕地猛地睁开眼睛，没几秒又沦陷在睡魔手中了。打瞌睡的感觉很痛苦，心里很想战胜睡魔清醒过来，但只会在下课铃响起的那一刻瞬间醒来。

068

有哪个学生上课永远不会回答错误，不会发呆，不会打瞌睡呢？后排男生只是比其他学生在这方面更多罢了，但不代表他们不拥有梦想。

他们也会认真，也会执着，也会奋斗。他们都怀着一颗炽热跳动的心，他们在一个班级里有着不可代替的地位，他们是班级的调和剂，为我们带来快乐的往往是他们。

他们只是对学习少了一分热情，少了一分坚持，少了一分勤奋。但是他们也怀揣着梦想，只是追求梦想的方式不同。他们也期待成功的喜悦，也渴望得到他人的认同。

老师啊，多关心一下他们吧，不要让他们失去信心，让他们振作起来，与我们共同进步！后排男生崛起吧！要进步，不单单只需要热情，最至关重要的是勤奋和坚持。让所有轻视你们的人刮目相看，摆脱"后排男生"的称号！让我们共同努力吧！

藏在桌角的爱

　　小时候，我刚和桌子一样高。有一回，爸爸看我在跑跳时差点儿撞到那个尖角，他马上动手，把每个桌角用泡沫包好。这几个难看又"奇怪"的桌角上，有爸爸大山一般厚重的爱！

生活的色彩

张玉坤

生命的最初，我们就像一张张未经渲染的白纸，所以生活的色彩才能鲜明地凸显出来——

粉红色的宠爱

我喜欢蜷缩在妈妈的怀中，享受妈妈温柔的抚摸；我喜欢骑在爸爸的肩上，享受爸爸宽厚的脊背；我喜欢坐在姥爷的膝上，享受姥爷那宠溺的话语……在小孩子的世界里，来自家人的爱应该就是全部了。它给我们的孩童世界涂上一层淡淡的粉红色，这粉红色里，是宠爱，是温暖，是呵护，是一股从心头涌上来的暖流。粉红色，爱的专属颜色。

乳白色的天真

像是刚刚长出来的新芽，一切都还模模糊糊，却也无忧无虑。在屋前的那片空地，捉蜻蜓、逮蚂蚱、摘野花……我们好像有永远做不完的游戏，蹦蹦跳跳，欢欢笑笑。天真就融在这甜甜的乳白色里。

天蓝色的梦想

不知道从何时起，总喜欢躺在柔软的草地上，仰望天空。其实不是喜欢软绵绵的草地，也不是喜欢抬头仰望天空，只是喜欢蕴含在高远中的天蓝色的梦想。仿佛每一个梦想都能插上翅膀，飞向有梦的地方。

金黄色的热情

我们如同金黄色的朝阳，有着火一般的激情与活力。只因为比谁都多一份激情，所以我们能够把广场舞跳出一种精神，我们也能够把喜欢的事当成一种信仰。只因为我们多一份活力，所以我们勇于探索世界未知的奥秘，甚至做出的事情难以置信，对此也毫不在乎。因为闪闪发光的金色，是我们对生活的热情。

生活就好比绘制一幅画，有的画得多姿多彩，有的画得黯淡单调，用我们辛勤的汗水做研磨的底料大笔挥毫吧，我要为我的这幅画，添上几笔浓浓的色彩，让它变得绚丽多姿。

走过风雨

王　静

"爸，你能看见我吗？"我在老爸眼前摆了摆手，很迫切地等待他的答案。

窗外飘着细雨。老爸没有说话，只是镇定地摇了摇头，那古铜色脸上的微笑却掩饰不了他内心的失望，他摆摆手，微笑着说："没关系，都过去了。"

是呀，事情虽然过去那么久，但成为我永远的心灵暗流，我无法忘记那段时光，那场我无法面对也无法逃避的人生风雨。

那天，大雨倾盆，巨大的雨帘垂立乾坤，于天地间拉开了白色的序幕，似乎预示着一场悲剧的上演。而读小学五年级的我正安静地坐在教室里上课，不知道苦难的风雨正向我逼近。

突然，妈妈出现在教室门口，让我有些吃惊。我从来没有见过她那样狼狈，身上的衣服湿透了，雨水顺着脸颊往下直流，目光呆滞，眼眶盈水，我不知道是雨水还是泪水。她与老师说了一番话后，老师的表情有点儿凝重，之后便让我离开教室。而我似乎预感到了什么，可我什么都不知道。

出了教室，妈妈匆匆拉着我便走。这时我才知道那是她的泪水，她的确在哭。雨下得很大，湮没了她的哭声。

我们来到医院的手术室外。一路上我没问，妈妈也没有说。她不停地哭着，而我却不知道怎样安慰她，只是茫然地看着她哭。

不久，来了很多亲友，从他们的谈话中，我才得知老爸在操作机器时意外弄伤了左眼。我禁不住哭了，外面的雨下得更猛了，医院里静得可怕，只听得见妈妈和我的哭声。

手术后，妈妈一直在医院和家之间来回奔跑。我常常看到她的眼圈红红的，总是会走神。我明白这场意外给这个本来就不富裕的家庭带来怎样的打击，也明白生活的重担完全要由瘦弱的妈妈承担。本来沉默寡言的妈妈更少讲话了，但生活的车轮仍在不断向前。有时，妈妈会在吃饭的时候睡着，我知道她太累太累了，这场苦难让她身心俱疲。

看着妈妈如此坚强，我也被深深地感染。我明白自己没有权利选择逃避，只能学会坚强。而我所能做的就是照顾好自己，不给妈妈添麻烦，于是我学会了做饭、洗衣服。看到懂事的我，妈妈忙中偷闲抚摸着我的头，欣慰地说："你真的长大了。"是呵，苦难真的会使人成熟。

老爸拆线那天，我和妈妈焦灼地等待着答案，也一样收获着失望。尽管手术不是很成功，老爸的眼睛可以感受到光却无法看到东西，他还是微笑着说："没关系！"

老爸出院那天，雨后初霁，柔和的阳光抚摸着我们一家人的脸颊，将走出风雨的记忆驱赶到心灵的深处，封存在灵魂的深处。

我的老师们

胡潇月

我的老师有的温柔亲切；有的时而严肃，时而威严；有的活泼有趣……现在，就让我一一介绍他们吧！

温柔而细心的"班妈妈"

张老师是我们的语文老师，也是我们的班主任。她温文尔雅，总是面带微笑，像妈妈一样，无时无刻不在我们身边。不管我们做错了什么，她总是耐心地指出来，给我们讲道理。她把我们当孩子一样，

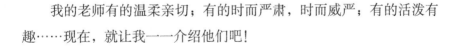

总是不放心，随时随地提醒我们："上课一定要专心，放学回家一定要小心，做作业一定要细心。"嘿嘿，大家有时候真觉得张老师很唠叨。可是有一次，张老师去支教一周。突然没有了张老师的唠叨，同学们竟然都不习惯了，无比想念她的唠叨。她唠叨的背后是对我们深深的爱啊！

严肃而幽默的数学老师

匡老师刚教我们时，我还以为他叫"宽老师"呢。只要一上课，匡老师绝对是一副威严的"包公"样，如炬的目光像探照灯一样扫视着整个教室。我们上课一点儿也不敢开小差。但是下课的时候，他简直与上课时判若两人，经常笑得眼睛眯成了一条线，和我们讨论数学游戏问题时妙语连珠，还让我们发挥想象，独立思考。"上课严肃，下课幽默"的匡老师真是让我们又爱又怕！

活泼而有趣的英语老师

我们的英语老师是一位年轻的老师，圆圆的脸蛋上总是带着甜甜的笑容。课上，她带着我们一起做英语小游戏，一起排练英语剧。教室里经常响起欢快的笑声。一次，在一场"狼和小羊"的英语剧排练中，大家正愁着谁来扮演狼和羊，她突然发现一名男同学和一名女同学穿着的外衣的里子有绒毛，于是就让他们把衣服反过来穿，这下"狼"和"小羊"都有啦。因为课堂活泼有趣，很多不那么喜欢发言的同学也积极发言，大声讲英语了。秦老师就像我们的大姐姐一样。因为她，我们都爱上了英语课。

我的老师还有很多，他们每个人看起来都不一样，但是，有一

样却是相同的——他们都有一颗爱我们的心，全心全意地在教导着我们。

雨天里的温暖

于艳艳

今天外面的天灰灰的，阴沉沉的……

早上，我醒来的时候，外面的天还是暗暗的，我以为还早，所以倒头又睡下。就这样醒了睡，睡了醒。实在睡不着了，从床上爬起来，拿起手机看了看，哇，都十二点多了！我手忙脚乱地洗漱完毕。跑到厨房，看到爷爷、奶奶正在为午饭而忙碌着！我带着一种埋怨腔问奶奶："为什么不早点儿叫我起来？"奶奶笑着说："哎，你在学校起得那么早，今天回家让你好好地补上一觉，再说外面下雨，你起来也没事干，就多休息一下吧！"听了这话后，我的心里顿时暖了起来，谢谢奶奶！

我还没缓过神来时，奶奶又唠叨开了："今天买了你喜欢吃的麻虾圆，买了很多呢，够你吃的了！"我笑着对奶奶说了声："好啊，我们一起吃！"我在厨房里帮着奶奶干了一些活。午饭煮好了，我一口气吃了满满一大碗的饭。可能由于我一下子吃太多，所以我的胃承受不了，胃不舒服起来真的是吓死人，我好难受。奶奶见我痛苦的样子，连忙去找红糖泡姜茶给我喝。可是家里已经没有红糖了，奶奶冒着大雨到家后面的小店去买了一大包红糖回来。回来时，她身上已几乎全湿了。奶奶泡好了红糖姜茶端来给我喝，以前我并不喜欢喝红糖姜茶，但今天的姜茶却很好喝！

外面的天灰灰的，我的心却暖暖的。

我的练武生活

王　派

我的课余生活犹如万花筒般五光十色、绚丽多彩，看书、绘画、下棋、弹钢琴、听音乐、做手工、打篮球、背诗词……但是，要说最喜欢的，当数武术。

那是一个难忘的周六，一大早，爸爸带我去北京国武功夫会馆报班学习。远远望去，长长一排红黑相间的大沙袋高悬于道路两侧，武馆门口是两只身高两米有余的石狮，刀枪剑戟，十八般兵器分列两旁，大大的"武"字耸立于门楼上方，好不威风！

一进武馆，我就看见了一位身着白色练功服的教练正在演练，翻转、腾空、鱼跃，招数瞬息万变，动作刚劲有力，看得我眼花缭乱、目瞪口呆，心想要是能练成教练这个样子就太好了，哪怕用我所有心爱的玩具换来这套功夫，我都毫不犹豫。

然而，练习武术绝非我想象的那么容易、帅气、威风。看似简单的横叉、竖叉、下腰、外摆腿、里合腿不经过成百上千遍枯燥、残酷的训练，根本不可能达到教练的要求。记得一次简单的抬腿练习，当时我已拼尽全力将脚抬过头顶，但教练还冲我怒吼："用力不够，

用力不够！"硬是将我的腿使劲儿往上抬，疼得我眼泪在眼眶里打转转，但不敢掉下来，否则，教练就生气不教我了。这样的苦头也不知吃了多少，但我都咬牙坚持下来了。

一年后，我的基本功练得算是有点儿模样了。目前，我获得了北京市和美国加州少儿武术比赛的四枚金牌、两枚银牌。每次取得奖牌，教练不但不表扬，还总说："成绩只代表过去，绝对不能骄傲。"

我会牢牢记住教练的话，再苦再累我也要坚持，相信总有一天，我会像他一样，身披五星红旗站在国际最高领奖台上。

我当了一回小区保安

田俊豪

每天从小区进进出出，都会看到英姿飒爽的保安叔叔给我们敬礼、问好、递车牌，我心里真是既敬佩又羡慕他们！如果我是一名小区保安，是不是也会帅帅的？是不是也会得到别人的尊重呢？为了体验小区保安的工作，锻炼自己的能力，在妈妈的协调下，小区物业答应让我做一个小时的保安。

"上岗"那天，我怀着激动又紧张的心情提前半个小时就来到了小区门口。保安叔叔先给我讲了在小区门口站岗的职责和注意事项，又教我如何敬礼。我心想：这还不简单吗？天天看你们早就学会了，等会儿就看我的吧！在急切的等候中，终于该我做一回与众不同的小区保安了。

我手里拿着车牌，以立正的姿势站在小区门口。这时一位阿姨骑着电动车到了我面前，我先敬了个礼，然后说，"阿姨好"，又把车牌递给了阿姨。阿姨笑着说："谢谢！"我心里美滋滋的。接着，一位大哥哥骑着电动车要出小区，可是没给我车牌就直接跑了，我追着他大声喊："车牌呢？"可是刚出小区他就不见了人影。等我返回工作岗位时，进出小区的人变得多了，有开车的、骑车的，还有步行的。人们络绎不绝地进进出出，我不停地敬礼、递车牌，忙得晕头转向，还真有点儿招架不住，还好有一位保安叔叔一直在旁边帮我的忙。不知不觉，一个小时就到了，我也累得筋疲力尽。

通过这一个小时的体验，我觉得做小区保安并没有那么容易。今后，希望大家都能自觉遵守小区的规章制度，做一个文明的人！

078

藏在桌角的爱

郑馨媛

在我家的餐厅里，有一张奇怪的桌子。它高高的，四根八十厘米的桌脚，支撑着一个四四方方、普普通通的钢架，架子上放着一张平整的玻璃板，明亮的桌面在灯光的照射下泛着亮光。只是架子的四个角上包着四块黄色的泡沫。时间长了，灰尘已经落入泡沫的小细缝里，污垢也斑斑点点地爬满泡沫。小时候的我真是搞不懂这样一张干净的玻璃桌为什么要包四块又脏又臭的泡沫。

有一天，我蹑手蹑脚地来到餐桌前，把胶条轻轻撕开。胶条绕了泡沫很多圈，我费了好些工夫，总算撕掉了胶条。我慢慢拿起泡沫，小心翼翼地掀开，可泡沫又在铁架子上来回缠了几圈，我费了九牛二虎之力才掀开钢架的"面纱"。桌角又尖又细，我敢说，这个桌角不比刀的锋利度差。我用小手轻轻按了按，简直像刀刺进了肉里一般。

　　毕竟我是个孩子，一会儿就把这事忘了。我开始边唱歌边跳舞，自己在餐厅玩起来。我一会儿从这里跳到那里，一会儿从那里跑回这里。爸爸只是慈祥地望着我，眼角的笑纹堆积，眼神中满是疼爱。突然，我脚下一滑，身子往前一倾，身体失去了平衡。我极力挥舞着手，想保持平衡，可还是一头撞向桌子上的泡沫。当我的头碰到泡沫时，我瞬间知道了那个问题的答案。

　　我没有觉得很疼，只是感觉软软的，很舒服，很想整个人趴在泡沫上，好好地睡一觉。

　　晚上，我真的做了个梦。我梦见了一个男人，他在我家翻箱倒柜地找着东西，找过枕头里的棉花，眉头一皱，嘴里嘀咕着："不行，太薄了。"于是他又把沙发垫打开，用小刀轻轻地刮下四条平平整整的泡沫，然后买来最牢固的胶条，把那四个锋利的角包住，还怕不够厚实，缠了足足八圈，接着用胶条将各个部位牢牢地绑好。就这样，这个男人还不放心，又用自己的头重重地撞在上面来做试验。最后，他大汗淋漓的脸上露出了笑容，拍着胸脯说："这下女儿就安全了！"

　　梦里的这个男人，就是我的爸爸。梦的内容是妈妈告诉我的真实故事。

　　小时候，我刚和桌子一样高。有一回，爸爸看我在跑跳时差点儿撞到那个尖角，他马上动手，把每个桌角用泡沫包好。这几个难看又"奇怪"的桌角上，有爸爸大山一般厚重的爱！

洗不掉的墨水

李思璇

这天早晨，我像往常一样，坐着妈妈的电动车去上练字班。

到了教室，坐在座位上，我拿起钢笔写了半天，一个字也没写出来。我拧开笔杆后才发现，原来笔里没有墨水了。

我一看抽屉，呀！忘带墨水了！这可怎么办呀？正在我焦急万分的时候，我瞟到讲台上有一瓶墨水。我快速走到老师面前，说："老师，让我用用讲台上的墨水吧。""可以！"老师爽快地回答。我迫不及待地拿起墨水瓶，往钢笔里灌墨水，可一不小心，我把墨水倒在了自己的手上。墨水从我的手上滴落到桌子上，又"滴答滴答"地落到了地上。我一着急，把胳膊搁在了墨水上，脚也不小心踩到了地上的墨水。真是祸不单行——我的腿忽然莫名其妙地隐隐作痒，我下意识地用手蹭了蹭痒的地方，一时间，我的手上、胳膊上和腿上都留下了黑色的墨水，真是惨不忍睹！

面对这个情况，我的头都大了。我像一只无头苍蝇一样，东撞西撞地下了楼，来到水池边，拿起香皂就往身上抹。妈呀！怎么洗不掉呀？我心急如焚，可就是不相信有洗不掉的墨水！我打了十几遍香皂，连搓了十几遍，累得我满头大汗，可墨水仍然没有被洗掉。

这件事过去一个星期之后，我搓洗的地方还有点儿痛，因为当时

我把皮都搓掉了，可胳膊上的黑印还能隐隐约约地看到，真是赔了夫人又折兵啊！

爱的声音

崔宇博

那是一个普通的早晨，我一个人孤独地在站牌处等公交车。薄薄的晨雾让我感到一阵压抑。我睡眼惺忪，沉沉地回味着昨夜的梦。车终于来了，车里的人挤得跟鱼罐头里的沙丁鱼一样。我跟在一个中年男子的身后挤上了车。那个中年男子很是魁梧，他左手拿着葱花饼，右手拿着包，用身体护着一个戴帽子的小男孩儿。他就像是老鹰捉小鸡游戏中的母鸡，努力保护前面的孩子。

刚上车，便有人给我们让了座。我坐在他的后面。"爸爸！"只听见一种很沙哑又有些含糊不清的声音。"爸爸……"那个孩子一声接着一声地叫着。我忍不住抬起头，看着孩子吃力的样子。我确定他是一个试着发音的哑巴，他正在用全力发出既不准确又不动听的"爸爸"。大人微笑地看着孩子，手里握着一块手绢，不时在孩子下巴处抹着。

他们就这样旁若无人地说着话，丝毫不在乎别人投来的异样的目光。

"爸爸，车——"孩子又说话了，他兴奋地指着那些花花绿绿、来来往往的车辆。

那是轿车，那是摩托车，那是大货车……爸爸慢慢地告诉孩子。"大——车——"，孩子学着说。

坐在他们身后的我，心里在为命运的不公而愤愤不平。是老天在考验这位父亲的爱，还是这位父亲的爱感动着上天呢？我的思绪定格在这爱的海洋里，我的耳畔总萦绕着这爱的声音。

听着爱的声音，看着爱的画面，我不禁又突然想起一首小诗：

有一种语言，

只有我能懂。

在平凡的字眼里，

隐藏着伟大的爱！

"大——车——"爱的声音！

母鸡护小鸡，爱的画面！

082

淡水亲情不淡薄

陈欣怡

亲情淡如水，却也深似海，只是不易察觉。

——题记

临近期末，作业多了起来，身体和生理的压力像一座大山压在我身上，无法喘息，头顶上好似飘着一片乌云，让我压抑而暴躁。

走在放学路上，四周一片昏暗，几颗暗淡无光的星散落在夜幕上，柔和的月光被乌云遮住，几盏路灯忽闪着，像是魔鬼的眼睛，显得恐怖，我不由得加快了步伐。

到了家门前，看着窗户里一片黑暗，我有些失落，又不在家吗？打开家门，看着空洞而冷清的屋子，熟悉却又陌生，我牵了牵嘴角，罢了，已经习惯了。打开书包，看着成堆的作业，不禁有些头痛，恼怒地抓了抓头发，便趴在桌子上开始奋斗。时间在笔尖上流逝，窗外的昏暗也变成了漆黑，我写完最后一笔，伸了个懒腰，揉了揉酸痛的手腕，抬头看了下表，发现还有些时间。

盯着稍显凌乱的房间，嗯，收拾一下好了，走向客厅，开始整理沙发，但是看着怎样整理都不整齐的坐垫时，我的心里升起一团怒火，随手一扔，坐垫便随意地落在了沙发上，我冲进厨房，开始洗碗。

但是，"砰！"——这是碗碎的声音。

"咔嚓！"——这是钥匙开锁的声音。

听到开锁的声音，我知道妈妈回来了，但是看到地面上的碎碗时，我却怎么也高兴不起来，妈妈这时推门而入："这么晚了不去睡觉，待在厨房干什么？"

我干笑几声："嘿，妈，我刚刚洗碗时……"我指了指地面，"打碎了一个碗。"

妈妈有些无奈，把我向门外推，"这些我来弄就行，赶紧回去睡觉，马上就要考试了，一定要用点儿心啊！"

听到妈妈的话，我不由得苦笑，每次都是这类的话，我和妈妈之间的交流只有成绩和考试了吗？我呆呆地看着妈妈洗碗的背影。

妈妈的一声咳嗽把我唤醒，目光从窗外射进，照耀在她身上，我也第一次发现岁月在她身上留下的痕迹，黑发中闪烁着几根银丝，那般刺眼，刺得我心痛，却第一次看见。明亮的眼睛已经有些暗淡，眼角更是平添几条皱纹，光滑的皮肤不再细腻……我的眼睛有些湿润，我的心已经泪流成河。它掺杂着愧疚，掺杂着心疼，掺杂着爱，掺杂着许多许多……

　　我将眼泪憋了回去，终是没有说什么，只是回到客厅把垫子摆整齐。

　　妈妈是爱我的，那种爱一直包围着我，却并不显眼，这就是亲情吧！"君子之交淡如水"，我却要说"亲情淡如水"，没有华丽的词藻，没有感动人心的故事，只有那一点一点围绕在我们身边的小爱，普通而平凡，却总在不经意间，透着点点温馨，无论距离远近，无论交流多少，那份爱，那份情，一直都在，也是我们最后的，最温暖的力量。

　　亲情普通而又伟大，如水却不淡薄。

冰 糖 葫 芦

084

巩靖民

　　我从小就喜欢吃冰糖葫芦，每次一看到冰糖葫芦就会恳求爸爸妈妈给我买一串。

　　一天下午，妈妈下班回来买了串冰糖葫芦，我理所当然地享用起来。冰糖葫芦酸酸的、甜甜的、脆脆的，真好吃！妈妈看着我的吃相笑了笑，忙着做饭去了。看着妈妈忙碌的身影，我吃着吃着，突然心里掠过一丝愧疚：这是妈妈买回来的，理应让妈妈先尝一个才对呀，再说，妈妈上了一天的班，一定又累又饿。我走到妈妈身边，把仅剩的一个冰糖葫芦递给她。妈妈却说："你吃吧，我吃过一串了。"我知道妈妈在撒谎，但我没有说出来，因为那个红红的、圆圆的冰糖葫芦对我的诱惑太大了，我还没有吃过瘾呢。既然妈妈不吃，那我就继续吃吧。很快，仅剩的那个冰糖葫芦也被我消灭了。

吃完最后那个冰糖葫芦，我就后悔了，我应该让妈妈吃的。这件事一直在我心里，让我难以释怀。平时有什么好吃的，妈妈都给我吃，她却尝都不尝。这次，我要买一串冰糖葫芦给妈妈吃，可我现在手里没钱，怎么买呢？不能直接问妈妈要，于是我开始存钱……

一个星期后，我存够了买冰糖葫芦的钱。那天，我去书店看书，回家的时候，买了一串冰糖葫芦。一路上，我看着红红的、裹着亮晶晶糖衣的冰糖葫芦，无比自豪和快活。到家后，我立即奔向正在做饭的妈妈，举起冰糖葫芦说："妈妈，吃冰糖葫芦，这是我刚买的。"妈妈脸上露出一丝惊喜，接着淡淡地说："我不吃，还是你吃吧。"我连忙又说："我买了两串，自己已经吃了一串，这串是留给您的。"嘿嘿，我也撒了谎。

就在我把冰糖葫芦递给妈妈时，我看见妈妈的脸笑成了花，她轻轻地咬了一口，说："真甜！"那甜味儿也流进了我的心里，让我感到无比幸福和甜蜜！

西行遇"高反"

甘富文

高原反应，简称"高反"，是由于高原氧气稀薄，缺氧造成的。

轻则头晕，重则住院。去年暑假，我去了一趟西藏，真实地体验了一回高反的感觉。

刚踏上西藏，凉爽而干燥的清风迎面吹来，我只觉得格外舒适。高反？都是吓人的吧？下午在拉萨市区的一通转悠更加印证了我的观点——我没有任何反应。但，我显然高兴得太早了……

吃完晚餐后，我站起身，突然觉得一阵眩晕袭来，胸闷得如同无法呼吸一般。紧接着，我觉得自己好像进入了外层空间，完全丧失了平衡感和方向感，身体像喝醉了酒一样直摇晃，太阳穴里像有只兔子在不停地撞击，脑袋好像要从里面爆炸了。我一照镜子，吓了一跳，因为我的手、脸都因为缺氧而变得苍白，嘴唇也紫了。我觉得自己像踩在了一团烂泥里，手脚软得像棉花糖，只能跟跟跄跄地走回酒店。睡觉时，耳鸣也来捣乱了，它像一个鼓手，时而在我耳边用重锤猛砸，时而换成铜锣猛敲。

086

我以为这就是高反的全部威力了，可真正的噩梦还在后头。半夜，我突然惊醒。酒店的时钟显示凌晨一点，我想继续睡觉，可头痛欲裂，根本睡不着，只能不断地翻来覆去。折腾了半小时，好不容易睡着了，可两点半又醒了过来。接着是凌晨三点、四点……高反使我的睡眠进入恶性循环。我开始向妈妈求救，想吃药。吃了药之后没有好转，我又嚷着要氧气袋，妈妈也被我吵得疲惫不堪。

此后几天，我天天嚷着要吃药，爸爸却不给。又过了几天，我突然发现，高原反应无影无踪了。看来，高反这一关，我是闯过去啦！

我当了一次粉刷匠

周 超

一天早上，妈妈在收拾我房间时，非常生气地对我说："儿子，你看看你房间的墙壁，脏成什么样了，简直成了猪圈！"

妈妈不止一次这样生气了，我也不止一次被妈妈这样骂了。这也不能怪妈妈，我房间摆写字桌的那一面墙壁，确实脏得不堪入目。具体说吧，写字桌上面的墙壁，被我贴了许多修正贴，还有铅笔、钢笔、圆珠笔乱涂乱画的痕迹。桌子下面的墙壁呢，全是我双脚乱踢的鞋印，黑乎乎的一大片——每次我坐在写字桌前，不管是看书还是写作业，双脚总是闲不住，动不动就朝墙壁蹬几下。

"别骂孩子了，请粉刷匠来刷一下吧！"爸爸说。"请粉刷匠？"妈妈望了望爸爸，又马上转头盯着我，说："我想，就由儿子自己来粉刷吧，是他弄脏的。正好库房里有刷子和滚筒，还有半桶乳胶漆。""好，我就当一次粉刷匠，让我将功补过吧！"我毫不犹豫地接受了这次"惩罚"，乐呵呵地答应了。

我从库房把乳胶漆拎到我的房间，同时把滚筒和刷子也带了过来。接下来，我把写字桌、椅子、书等东西全部搬走，这下脏兮兮的墙壁在我面前暴露无遗了。为了不把乳胶漆弄到衣架上，我将旁边的衣架也搬走了。准备就绪后，我把乳胶漆倒进盆里，拿起滚筒放进盆里来回滚一滚，然后拎出来开始刷墙。我决定从上往下刷。于是，我高高地举起滚筒先刷桌子上面的墙壁，够不着的地方，我就拿把小木椅垫脚。我慢慢地从上往下刷，刷到墙壁上的湿淋淋的乳胶漆，不时形成一条条小溪状沿着墙壁流淌下来，还有一部分乳胶漆直接从滚筒上掉落下来，有些滴到我身上（幸亏我早有准备，粉刷之前穿了一套爸爸穿旧的灰色外褂外裤，头上戴了顶外公的草帽），有些滴到地上，地上顿时绽开一朵朵白花。

上面的墙壁刷好后，就要刷下面的了。其实，下面的墙壁早已被流淌下来的乳胶漆打扮得花里胡哨了，我只要沾点儿漆刷均匀就行了。刷下面比上面轻松多了，不用垫脚，不用高举着手。不一会儿，下面就刷好了。我往后退了几步，把墙壁从上到下，从左到右仔细地打量了一番，发现有些污迹还隐隐呈现。我又从上到下刷了两遍，我发现乳胶漆还剩一点儿，就又刷了一遍。望着越来越干净，越来越亮堂，越来越美观的墙壁，我心里别提有多高兴了，我情不自禁地哼起歌来："我是一个粉刷匠，粉刷本领强，我要把那新房子，刷得更漂亮……"

中午时，妈妈来喊我吃饭。踏进我房间，她一下子愣住了，那双亮晶晶的丹凤眼被我刷得雪白雪白的墙壁紧紧吸引住了，眼神中还有几分惊叹。那张早上还怒气冲冲的鹅蛋脸上，此时变得如花朵般妖媚……

有你同行

时冉冉

清晨，微风轻抚着我的发丝。我欣喜地看到太阳挣脱地平线的束缚，慢慢地探出自己的脑袋。

"孩子，你要记住，希望如朝阳，将与你同行。"爸爸的话又在我的耳畔响起。

曾几何时，雨季如期而至，我心中的愁思亦如雨丝绵绵不绝。学习上的停滞不前，使我日渐颓废；生活上的不如意，使我抑郁不欢。

我不安，我迷惘，我像一个迷了路的孩子，找不到我前行的方向。我渴望着什么指引我走出抑郁的泥沼。

"孩子，你要记住，希望与你同行。"爸爸的话，依稀在我的耳畔响起。希望？与我同行？我不解。我只知道，我快要被无尽的压抑给逼疯了。

"孩子，哭吧！"不知何时，我的肩上多了一只温暖的大手。我终于忍不住了，"哇"的一声哭了出来，豆大的泪珠从我的脸上滚落。所有的压抑、苦闷、颓废……统统随着我的泪水，随着雨季的大雨肆意地流去。

"孩子，哭吧，哭出来就好了！"爸爸用温暖的大手，轻抚着我的头。爸爸手心的暖意，好似温暖的泉水，瞬间流遍了我全身。霎时，我感觉到自己不再迷茫，不再孤单。因为在成长的路上，有你同行。爸爸，谢谢你，是你给了我前进的希望！

"孩子，你要记住，希望一直与你同行。"父亲的话一次次地在我的耳边回响。希望吗？没错，希望和我同行！

我惊喜地望着那一轮红日，那一轮象征着生命与希望的红色圆盘，终于完整地跃出了地平线。它染红了天边的云彩，染红了我脚下的大地，也染红了我的脸。

这是希望啊！

爸爸，请相信我！我一定会找到属于我自己的天空！

因为，在我成长的路上，有你。在我的心中，一直有希望！

家有"哭宝"

沈书吉

弟弟是我家的"皇上"，爷爷奶奶、爸爸妈妈包括我，啥都得依着他。这"皇上"的威仪全仗着他的必杀技——"哭"！说到底，弟弟就是个"哭宝"。

那是一个阳光明媚的星期六，我在家门前的空地上练习跑步，弟弟突然喊："姐姐，我也要跑，我和你比赛！""比就比呗！"我答应了他。心里想着：难道你还能跑得比我快？弟弟就屁颠屁颠地跟在我后面跑，不一会儿就跑不动了。于是他又喊起来："姐姐不许跑得比我快！"凭什么呀，这是比赛！我才不理他呢。突然，我身后传来

震天的哭声。我停下一看，弟弟也不知是被啥绊倒的，还是故意摔倒的，整个人趴在地上。我赶紧过去拉他，他却"哇哇哇"哭得声嘶力竭。"弟弟，快起来，地上脏！"我边拉边说。"不嘛，你要答应是我赢了！"明明你跑不过我，凭啥让你赢？我才不退让呢。

弟弟上气不接下气的哭声引来了奶奶，奶奶心疼地把弟弟抱起来，上下前后左右地把弟弟全身超精确地"扫描"了一番。弟弟趁机告状："姐姐不等我，哇——"弟弟说着哭着，简直像受了天大的委屈。奶奶立刻将矛头指向我，"你是怎么带弟弟的，让弟弟哭成这样……"我只得认输："弟弟别哭，你赢了，你赢了！"奶奶也附和道："弟弟第一哦！"这下弟弟才停止了哭泣。

关于弟弟的"哭事"多着呢。他看中了我笔上的小挂饰，凭着"滔滔不绝"的泪水将它据为己有；他不愿在家吃午饭，凭着如泣如诉的哭声把一家人领进了牛排店；他想去游乐园疯玩，凭着声嘶力竭的狂号"绑架"爸爸妈妈跟着他在刺激的游戏里心惊肉跳……他这"金豆豆"太管用了，一下子便可"秒杀"一切艰难险阻！

我到底中奖了吗

孙　浩

今天，妈妈给了我五角钱，我特别高兴，因为我又可以去买一袋蟹条了。

我喜欢吃蟹条，不仅因为这种蟹条味美，最重要的是，如果走运的话，还能中奖呢！

记得上次我去小卖部买东西，爸爸给我了一元钱。刚到小卖部，就听见一位小朋友说："姐姐，咱们买一袋蟹条吧。上次我买了一袋，里面还有一角钱呢！"我一听，觉得这可是一件好事，五毛钱不仅能买一袋蟹条，还可能得到额外的一角钱，那样我又可以用这一角钱来买一块糖，多划算呀！

于是，我用一元钱买了两袋蟹条，可惜只得到了"谢谢品尝"几个字。但我并不泄气，这次不中奖，下次再买。从此，我接二连三地买了七八袋蟹条，可一次都没中奖。今天，我又买了一袋蟹条，开了个小口就往嘴里倒，怎么倒也倒不出来，没办法，只好撕开包装袋。往里面一看，呀，我梦寐以求的一角钱正被一个小塑料袋包着，静静地躺在蟹条里呢！我拿出来一看，哇，还是一张崭新的一角钱呢！哈哈，功夫不负有心人，努力总算没有白费，我心里甭提多高兴了。

妈妈回来了，我赶紧拿着一角钱去献宝。妈妈看了，只是微微一笑。我连忙问道："妈妈，您不觉得我很幸运吗？"妈妈说："不，我觉得你这一角钱有些'来之不易'。""为什么呢？""你花了三四元钱买了这么多蟹条，追求的仅仅是一角钱奖金，值得吗？如果用买蟹条的钱去买糖，那能买多少糖呀！"

是啊，为了这一角钱，我花了三四元，值得吗？晚上，我问妈妈："制造商为什么要在食品袋里放一角钱呢？"妈妈说："如果有谁'吃'到了一角钱，觉得自己很幸运，下次肯定还会买蟹条，还会把中奖的消息告诉别人，别人一听，也会来买。这样，经销商发现蟹条卖得很快，便会到批发商那儿多批发些，批发商见状，又会到制造商那里去多进货，这样，制造商就赚了许多钱。"

原来，天下没有免费的午餐，很多时候，表面看起来占到了便宜，其实商家早就从你这里占到了更多的便宜。

那朵依旧盛开的花

崔　璇

现在正值秋末冬初，教室门口花坛里的花儿已没了踪影，树也只剩下了光秃秃的树干，小草也穿上了蜡黄色的新衣，这一切都是冬天即将到来的景色。如果说还能看见色彩明丽的鲜花，恐怕只有那傲立于风雪中的蜡梅了。可是，就在那片"寸草不生"的贫瘠的土地上，有一朵花正在默默无闻地盛开着……

又是一节体育课，跑完两圈，我便跑回教室去做作业了。同桌余悦这时敞着外套，汗流浃背地向我走来："陪我去宿舍换鞋！"我放下手中的笔，两人手拉着手来到教师宿舍楼，两排宿舍楼整整齐齐地排列着，院子里晾晒的衣服飞舞着，楼房后面就是一块荒地，大树只剩下裸露的树干，地面满是凌乱的杂草……

走进宿舍里，一阵冷风迎面吹来，给人寒冷之感。原来是宿舍里的一扇窗户敞开了，窗子正好对着那片荒地。于是乎，我竟对那片荒地产生了莫名其妙的感觉。余悦见状，边换她的鞋，边嘟囔着："这地荒了好久了，爸爸说明年要在这儿种些花草。"对呀，种些花草该多美啊！突然，一个艳红色的东西深深吸引了我的眼球，"花！"我心里涌起一阵惊喜。

就在那片荒地上，居然还有朵执着盛开的花。它的颜色如此引人注目，那种红，显示着旺盛的生命力；那种精神，饱含着它所历经的磨难。它没有抱怨命运对它的不公，也没有抱怨生存环境的恶劣。也许，有一颗花的种子从远方飞来落到这里，大地妈妈紧紧拥抱住了它，正巧连碰几天的好天气，有太阳公公的无私照耀，它便使出浑身解数，尽情地汲取养分，顽强生长。终于，它含苞待放，连续几天的绵绵细雨，它尽情吮吸，在秋末开出了一星光彩夺目的花朵。

也许，它不奢望别人的照料，也不希望得到别人的赞美，它只希望能尽自己的力量绽放，用这短暂的美装点这里。

夏洛蒂三姐妹、霍金、张海迪……他们像这花儿一样地顽强生活，奉献自己，装点世界……

家乡文化滋养心灵

李登科

寒假里，我和妈妈一同去天福广场参观"孝义民俗文化展"。

第一站，我们来到"书画展区"。"书画展区"中有许多精美的书法字帖，有的如行云流水般典雅柔顺；有的如龙飞凤舞般豪迈奔放；有的却如剑拔弩张般雄健有力。这里的画更是妙不可言：大部分画的是花。画中的花形态各异，朵朵鲜花都有自己独特的魅力，栩栩如生，让人仿佛身临其境，可以闻到那一缕缕淡淡的幽香。还有些画的是逼真的动物。看，那两只牛怒目圆睁，架势咄咄逼人，好像真的要打起来一般；瞧，那只老虎是多么霸气，仰天长啸，吼出了山中之王的威严；再看那儿，那一群山羊在河边喝水，是何等安详，何等舒适。

在书画展区中，还有一样展品令人惊奇，那就是20世纪的农耕器具，均为木头制成，却无比精致。我忍不住想：这些农耕器具虽然在高科技的现在逐渐被淘汰，却凝聚了人民的智慧！

之后，我们又去了"剪纸艺术展区"。剪纸有的巨大却精致无比，有的娇小却寓意深刻，《三羊开泰》《五福临门》等作品便十分精美。

在走廊里，有很多孝义的图片，有孝义现代化风俗建筑，也有孝义古代化建筑，两者相比，有天壤之别，充分体现了孝义翻天覆地的变化。

最后，我们来到了"皮影艺术展区"。皮影个个小巧却无比精致，皮影身上的各个部位活动灵巧，宛如天成。如《孙悟空》《二郎神》《寿星》就十分精美。皮影表演时，精彩无比，一次皮影表演往往需要很默契的团队合作，这更加体现了孝义人民的智慧。

孝义风俗的形成，必然经历了漫长的过程。我们要做的不仅仅是传承孝义的风俗文化，更要把孝义文化发扬光大！

心中的彩虹

廖淑梅

不管风刮得多大，雨下得多猛，我们都可以在心中拥有属于自己的一道彩虹。

　　每当雨过天晴，常常会有一道色彩缤纷的天桥横跨天空，那就是彩虹。她的艳丽，她的娇美，常常使我在心中架起一道彩虹，从现在到过去，一直通向我的心灵深处，展示我充满色彩的人生。

　　"他说风雨中，这点痛算什么，擦干泪，不要怕，至少我们还有梦……"郑智化的《水手》一直回荡在我的耳畔。跌倒了，爬起来；失败了，再努力。这些年的风风雨雨，使我渐渐成熟，像在痛苦中磨砺的珍珠。犹记得刚刚告别小学的初一生活，当我匆匆告别童年的驿站，急匆匆地登上花季的月台时；当我离开父母的呵护，亲人的关照，突然生活在一个陌生的集体；当我没有了老师、朋友的庇护与帮忙，毫无遮蔽地暴露在社会的善与恶的交会处，那该如何去寻找属于自己的一片蓝天？

　　也许没有人能借给我一双翅膀，我只能自己去创造。前方的路依然漫长，我别无选择，只有义无反顾，一路前行。

　　一次、两次、三次……不管跌到多少次，我都无所畏惧。因为，我时时心存梦想，心存希望。

　　随着岁月的流逝，我已经慢慢长大，幼稚的心渐渐变得成熟起来。成也罢，败也罢；喜也罢，悲也罢；得也罢，失也罢。一切都变得那么坦然。

　　风雨后的彩虹，很美。

第一次取稿费

李雪晶

　　暑假里，《九华晨刊》编辑部寄来了一张二十五元的稿费单。爸爸妈妈忙着装修房子，没时间陪我去取。眼看着截止日期就要到了，稿费单就要作废了，怎么办呢？我决定自己去取。

　　第一次自己一个人取汇款，心里还真有点儿怵。我认真地阅读了汇款单背面的"客户须知"，原来还要带上户口本。于是，我从床头柜里翻出户口本，就出门去了邮局。一路上，我的心里像十五个吊桶打水——七上八下。取款的流程该怎么走？假如邮局工作人员说必须要监护人陪同怎么办？……我转念又想，实在不知道流程的话可以咨询呀，还有，"客户须知"上并没有儿童取款必须要有大人陪同的规定呀。不管怎样，总得试试。

　　想着想着，不知不觉，我就来到了小区对面的邮局。一进门，我就看见了一台取号机。在工作人员的帮助下，我顺利地取了号。上面显示"前面0人等候"，哈哈，运气真好，于是我径直来到3号窗口。

　　我扬了扬手里的稿费单，微笑着对阿姨说："阿姨，我要取稿费。"阿姨将我仔细打量了一番，疑惑地问："你一个人吗？爸爸妈妈呢？""爸爸妈妈没时间，我一个人来的。""哦！"阿姨接过我的稿费单和户口本，扭过头小声地对旁边的同事说："这孩子的家长可真不负责，怎么放心让孩子一个人来邮局取钱呢？"我听了心里更添了几分得意。我按照阿姨的提示完成签字手续后，二十五元就到手了。

　　走出邮局，我如释重负，心里无比舒坦愉悦，将二十五元钱揣进兜里，摸了又摸，生怕弄丢了。这可是我挣的又"一桶金"呀！这么多钱，我用它干什么好呢？还是再次进行写作"投资"吧！于是，我向附近最大的一家书店走去。

春天里的遐想

李福琴

098

　　我喜欢春天，所以盼望着春天早早地来，可春天又是那般羞涩，扭扭捏捏，不肯来，越是迟到，我越是企盼。春天似乎是一个永恒的话题，古今中外，文人墨客吟了又颂，评了又说。春天，不知何时，已成为世界的宠儿，将世界包围了。于是，我想起了这样的情景：春暖花开，万物复苏，百花争艳，草长莺飞，春燕啄春泥……

　　我走进春天里，在微风细雨之时，慢慢地体会春天带给世间万物的变化，肆意感受春的温暖和气息，仿佛天地间的万物都沐浴在这和暖的春光里。天，是蓝的，如汪洋般深不见底，又是那样深邃；云，是白的，如雪花般缥缥纱纱，又是那样纯洁；山，是青的，如河水般清澈见底，又是那样透亮。即使偶有薄云，一切也未因此而失色，反而在温润的空气中更加显得清新，明亮。

　　春天里的风是暖风，在静谧和安详之中，偶尔传来几声布谷鸟的鸣唱。云越积越浓，我喜欢的"润物细无声"的春雨终于来了，那片片杏花被淋湿了脸庞，露出了红色的面颊。而后微微地绽开了笑颜，花蕊是红的，红的像火，花瓣是白的，白的似雪，叶片间是粉的，粉的如霞。柳树的枝条在一次次春雨的唤醒中也渐渐苏醒了，慢慢地绿了、软了，可以作为孩子们手中的吹笛工具了。这一切的一切让我感觉到如同在画中游玩，我是在仙境中吗？我的心情也朗润起来，我禁不住想喊出内心的喜悦，难道不是吗？我想欢呼并为之雀跃，我们难道不应该感激这上苍赐予我们的世间万物吗？

　　我傻傻地观望，几乎忘记了时间，忘记了自我，忘记了自己的存在。直到黄昏悄悄地降临，细雨仍在淅淅沥沥地洒落。在这样的雨夜里，品一杯茶，握一本书，静静地聆听窗外的细雨，任自己的思绪随雨丝飞扬。不知过了多久，当如从梦中醒来时，开始吟唱那首古诗：春眠不觉晓，处处闻啼鸟，夜来风雨声，花落知多少。

　　雨不知道何时已经停了，清凉的晨曦透过树叶圈圈点点地泻了一地……此时，我看到孩子们在空旷的草地上奔跑，拉动着风筝的绳子，在笑着、跑着、跑着、笑着。我心中所有的郁闷与不快，痛苦与烦恼顿时一扫而光，因为我看到了希望，我看到了美好的前景。

　　花儿绽放于春天的花园中，但它却经历了严寒酷暑，风吹雨打的考验，经历了岁月的洗礼与冲刷，只留下那份属于它自己的宁静与辉煌。花儿能有几天的生命呢？转瞬即逝，等春天去后，又凋零于泥土之中"化作春泥更护花"了。

　　然而为了实现自己的价值，它接受了一切。我们的人生不也如此吗？人生能有几回甘甜？人生又有几日的辉煌？风风雨雨的人生，我们都要走过；沟沟坎坎的事情，我们都要去面对。正因如此，我们才加倍珍惜我们拥有的甘甜与美好，我才会不惜一切代价得到到它。为了成功，我们甘愿进行那惊心动魄的拼搏与挣扎。也许在拼搏与奋斗中，我们才真正领悟了人生的真谛。

春天，欣欣然的季节，令人振奋与喜悦的季节，人人为之向往的季节。在这一年之中，毕竟只有一个春天。让我们携手，在春季里许诺，在春天里起步，为了自己的理想，为了自己的事业，为了自己的追求，让我们扬帆起航！

春到紫荆山公园

全心语

100

伴随着春天的脚步，春姑娘来到了紫荆山公园。

温柔的风吹绿了东湖岸边的柳树。碧绿的柳条垂到湖面上，随风起舞，好一个"万条垂下绿丝绦"！

春姑娘用它甜甜的微笑，笑红了岸边一株株碧桃。娇艳绽放的碧桃花，一团团、一簇簇，红得像天边的云霞。

东湖水面，碧波荡漾。人们泛舟湖中，激起湖面上层层涟漪，一层又一层荡向远方。此情此景使我不由得哼起"让我们荡起双桨，小船儿推开波浪……"

远处绿树成荫的湖心小亭中，飘来了阵阵葫芦丝声，犹如天籁之音，悠扬动听，引人遐想。那是一位白发苍苍的老爷爷在教几个少男少女吹奏，吸引了不少游人驻足倾听。

湖边小路上，行进着一小队步伐整齐的暴走爱好者，他们衣襟带风、疾走如飞；公园的广场上，大妈们跳着欢快的广场舞，一个个热情洋溢。老者们练着舒缓的太极拳，全神贯注。每个人脸上都洋溢着春天般的笑容。

荷花池旁，人们在悠闲地垂钓。一片片荷叶像一只只绿色的圆盘，静静地躺在池面上。在和煦的春风里，几只嫩黄的小荷勇敢地挺出水面，刚刚露出尖尖的角，便有一只可爱的蜻蜓欢跃地停歇在上头。我如要欣赏那"接天莲叶无穷碧，映日荷花别样红"的景致，还要等到六月天！

廊桥上，我和小伙伴们一会儿追逐五彩斑斓的蝴蝶，一会儿驻足观赏在池塘荷叶中游来游去的欢快的小鱼，一会儿追赶在芦苇荡里钻上钻下，活泼调皮的小野鸭。一只只不认生的小鸟，一会儿在我们头顶上飞过，一会儿又落在柳枝上歇息。真是一番"池塘生春草，园柳变鸣禽"的景象。

啊，春天来了，春天来到了我们的紫荆山公园！

我与外婆的"家"

童重辉

我和外婆有一个共同的家——朝阳小学。只要提起朝阳小学，外婆就乐呵呵的，有说不完的话题。因为外婆也曾是朝阳小学的学生。外婆常说："朝阳小学就像一朵美丽的盛开的向日葵。"我有幸在朝阳小学读书，感到无比自豪。

听外婆说，朝阳小学历来风景优美。那时校园后面有大片竹林，

山坡常年开着野花，外婆常在坡边读书，背课文。那时没有电铃，工人打着铃铛满校跑，后来敲钟上课，如今电脑控制上下课的音乐铃声。

外婆回忆道，那时去学校的路是一条又窄又脏的小巷子，连板车也过不去。所谓的学校也只不过是几间木板拼成的破房子。操场虽然很大，但是地面坑坑洼洼，热天满身灰，雨天两脚泥。教室门窗破烂，四面通风，一到冬天学生们就惨了：冷得浑身发抖，双脚长满冻疮。如果下雨，有的教室还会漏水。虽然环境恶劣，学校却培养了不少人才：医学专家秦学芬、黄永珍，外婆也不逊色，主管药师。

现在朝阳小学发生了翻天覆地的变化，汽车可以从宽敞的校门直接进入校园。以前的破房子早已变成了几栋明亮宽敞的教学楼，多媒体、电脑教室展现在我们眼前，每间教室都安装了空调，配有矿泉水。操场上铺着各种颜色的塑料垫，篮球场、跑道、乒乓球台，是我们锻炼身体的绝佳场地。教学楼外墙上醒目的校训"团结勤勉，和谐奋进，爱生敬业，务实严谨，乐学善思，互助共进"，鼓舞着我们奋发学习。

我与外婆的"家"——朝阳小学——越来越美，越来越漂亮，越来越现代化，不正彰显着祖国六十多年来的建设与发展蒸蒸日上，欣欣向荣吗？我要努力学习，争取让我们的"家"变得更美好！

妈妈，我想对你说

张泽宇

妈妈，我有很多很多话想对你说。可我的话总是刚一出口，就被急躁的你无情地打断了。你总是令我语塞。

妈妈，我想对你说，能不给我报那么多的培优班吗？暑假本来是我的休闲时光，可我却要忙着上各种培训课。炎炎烈日下，我匆匆跑到教室，还没吃上几口手里拎着的早餐，老师就要上课了。上完奥数课，我还没休息上十分钟，又得走到隔壁教室接着上作文课。妈妈，我很累很累啊！你已经成了杨红樱笔下的"爱心杀手"，你知道吗？

妈妈，我想对你说，能让我养一只小猫吗？我多么想养一只自己的小猫啊！我幻想着能有一只灰色的小猫，每天放学回家，它便向我扑过来，轻轻咬着我的手指，或在我腿上蹭来蹭去；我写作业时，它就安静地趴在我的膝盖上睡觉，或在桌面的稿纸上盖几朵"小梅花"。我的希望在你一句句"写了好文章就可以考虑"的承诺中一天天上升，又在你随便找个理由就说的"不可能"中一天天破灭。我认为，你只是怕给自己添麻烦而已。妈妈，我好想有一只小猫啊！

妈妈，我想对你说，你能不再误会我了吗？有一次，我和同学一起上奥数课。那天刚好是我的生日，我告诉了她，她立刻到楼下给我买了几包零食作为礼物。没想到，不久你就"找上门"来，不问青红皂白地打了我一顿，边打还边唠叨："你早上没吃饱就跟我说呀！"
我这才知道，同学向她妈妈要钱时撒了谎。我觉得很冤枉，因为我们
孩子和你们大人一样，也要讲"礼尚往来"——上次同学过生日，我
也给她送了礼物的呀！

　　事后，你知道了事情的经过，才给我道了歉。可是妈妈，被误会
的感觉好难受啊！

　　妈妈，我想对你说……

定格在记忆中的画面

　　天空依旧湛蓝，天气依旧酷热，天空之下，不少同学在轻轻地擦拭着脸颊上的泪水。而那位摄影师依旧没有出声，只是面带微笑，静静地看着同学们。

爸爸，我想你夸夸我

李　牧

爸爸，您知道吗？有一句话我在心里憋了很久，从小到大，我是多么想让您夸一夸我呀！

每当您叫我做什么事，我总想得到您的夸奖，可是每一次换来的都是您的骂声，说我没用，一点儿小事都办不好。家里盖房子，亲戚们来祝贺过，还有几位当时没到。二舅和我最亲密，在约定回请的客人中您让我给二舅打电话通知他，提前打了电话两次，可是在约定的日子他因为忙着帮别人送货忘记了来家做客的事，结果害所有来家的客人等着。为这事，您把我大骂了一通。可是，这能怪我吗？

为了得到您的夸奖，小时候我就在家里扫地、洗自己的鞋，我多么想听一听您夸我一下，哪怕一声也行呀！上周末，你们在田里忙得吃饭都没有时间，我不会做饭，只好把你们换下的衣服拿到卫生间洗。要知道，你们的衣服可难洗了，草汁、树浆粘在上面，怎么也搓不掉，我先用透明皂洗了一遍，又用洗衣粉揉了一遍，才"消灭"了大部分污渍，我累得不行。我有意选择你们从田里回家的时候晾衣服，手里在做，眼睛却不时偷偷地看您，心里多么期待您的赞扬！可是，您的表情除了一点儿疲惫就是淡漠呀，我心里凉凉的，酸酸的。

您对我的赞扬很吝啬，可是您的骂声却很慷慨。电视遥控器"罢工"了，您骂我是"整散"；饮水机忘记关了，您骂我是"懒货"；上体育课跑坏了鞋子，您骂我是"败家子"……每当我从学校回来时，您从来不给我好脸色。叫我干活，又嫌我这没做好那做得不对，动不动就骂我笨。您的东西找不到了，就骂我，说是我搞丢了。我心里很不好受，有时甚至觉得我不是您亲生的儿子！

　　我很羡慕同学，他们每次上学都是爸爸送到学校，而我呢，您让我自己走着去学校！我的心里酸酸的，我多想您也送一送我呀！我已经长大了，可您还是哪一点看了不舒服就非打即骂，让我在同学面前一点儿面子都没有。别人的爸爸在孩子做错事时都是安慰，而您呢，不问青红皂白先打一顿，再问原因。爸爸，在我做错了时，您就不能好好对我说吗？干吗动不动就说当初不该生我！

　　在每一次被您打了之后，我都很伤心，独自一人在小山坡上哭。我也知道古人的"棍棒下面出孝子"，可现在都什么时代了，您的教育方式就不能与时俱进吗？

　　爸爸，我只想对您说，请多给我一点儿信心吧！

107

写作改变了我

吴承贝尔

　　从前的我，不喜欢出门，喜欢一个人待着，一个人坐着看天。而现在，我则喜欢和别人交谈，闲暇时则喜欢走近大自然，看四季更迭，这一切的改变，全都源于写作——

定格在记忆中的画面

大概是上了五年级之后，作文抓得紧了。起初还不觉得，一直不缺题材，有的是写过的，或者是想写但未写过的，马马虎虎还可以。但逐渐地，我感到力不从心，似乎再也没有那种提笔便能一路写下去的能力，常常对着纸，过了一两个小时，脑子还是一片空白。

时值樱花季，同学三五成群约好去鼋头渚赏樱。而我独自待在家中。我感到有些紧张，有些心烦，不自觉地就走出了家门。我走向一边的草坪，拣了块干净些的大石头坐了下来。午后的阳光暖暖的，照得我的头发有些温热。我惬意地享受着暖风、暖阳，作业则抛在了脑后。我张望四周，看啊，阳光斜溢过枝头，在柔软的草地上勾勒出一片片叶的影。用鹅卵石拼出精致的图案，嵌在大理石的小路上，狭长狭长地划过草坪，挤出一道灰白，将山茶和香樟隔开，好像中间隔了一道银河的牛郎织女。我不禁闭上眼，开始想象，一句句的描写从脑中蹦出来，我惊奇地发现，这不都是非常好的写作素材吗？顿时，一股欣喜涌上心头。

再之后，便不只是静物了，人、动物都成了我观察、描绘的对象。当我和人们交流的时候，我会注意到许多有趣的部分，比如老阿姨们最常讨论的柴米油盐、张家长李家短，周围一些助人为乐的义举等。我开始热衷于和世界对话，人和物都鲜活起来，一下子充盈了我的世界。常常地，我心头会溢出一种温馨。躺在草地上伸懒腰的猫儿，在公园长椅上相互依偎的老夫妻，回忆中偶然拾起的记忆碎片……我的思绪豁然开朗，变得爱笑，爱说话，这不都是因为写作吗？我从开始的凑字数，到后来的不够写，着实有了一个巨大的转变。

是写作改变了我，让我由沉默变得开朗，我会用美好的心情去欣赏，去感受这个世界的精彩和奇妙。

108

小 丑 之 美

邱雪莉

夸张的表情、多彩的服装加上滑稽的表演，这就是小丑，在面具下生活的小丑。

他们的妆容以及表演总是让人忍俊不禁，光看那大红鼻子上，就具有风趣、诙谐、幽默、滑稽的元素，惹人发笑。他们的动作时而僵硬，时而灵活，他们很少说话，全靠动作和表情演绎故事，浅显而有意义。他们永远是配角，要么是一些仆人的角色，要么是一些聪明捣蛋的人，要么是一些恶作剧下的牺牲品。他们一出场，总给人带来笑声。

这就是小丑，他放下自尊，把糗态展现给观众，只是为了博得大家的欢笑。我敬佩他们的饰演者，因为他们拥有很多人所没有的品质。浓厚的彩妆不仅遮挡住了他们的面貌，也掩饰了他们最真实的内心。在别人眼里他们只是搞笑的、幽默的，供人捉弄的，除了这些，他们身上仿佛就没有了其他的标签。没有人看到他们的真实表情，没有人知道他们的悲伤与泪水、孤单与寂寞、艰辛与疲倦，因为这些都被那张快乐的面具掩盖了。

与小丑的角色相比，其他演员都能够展示自己真实的面容，至少不会被人取笑。所以很多演员会争相出演正面角色，对小丑不屑一顾。而这，也正是小丑的可贵之处。

　　小丑看似很傻，其实具有大智慧。小丑拿自己开涮，使自己出丑，然后让观众发笑，这愚蠢的背后隐藏着大聪明。因为他不仅能清楚地认识自我，并能够给自己准确的定位，真诚不遮掩，包容不狭隘，大度不刻薄，能降低身份，拉近与其他人的距离，在自我调侃中获得共鸣。这种自我开涮，确是幽默的最高境界。

　　这就是小丑，在我的眼中，他们是高大、美丽的。我不喜欢虚伪的面具，但我敬佩小丑，他们牺牲自己博取观众快乐的行为是很少有人能做到的。他们的样子很丑，可内心却美。因为只有怀有美好的心，才能有如此境界。

"绳"出鬼没

陈汝逸

　　一根小小的毛线绳，居然能给我们带来如此大的乐趣。你信吗？不信来我们班瞧瞧。

　　上周，老师给我们介绍了一种爸爸妈妈小时候经常玩的游戏——翻花绳。学会后，大家迷上了这个游戏。下课时，总能看见同学们手里套着一根毛线绳，玩得不亦乐乎，有些同学竟然在课上偷玩，简直是"走火入魔"了！

　　孔老师见我们玩得这么开心，就组织了一场翻花绳比赛。我们听了兴奋不已，摩拳擦掌，跃跃欲试。等我们找好自己的伙伴后，孔老师一声令下："开始。"教室里马上热闹起来，真像来到了吵闹的大街。我们迫不及待地拿出绳子，舞动着指尖。

　　我和朱晶晶一组。我立马拿出绳子套在手掌上绷直，成了两条平行线，这只是起跑的轨道，我再把绳子绕手掌一圈，然后一拉，轨道上出现了两个大叉叉，第一个造型诞生了——一座高架桥。朱晶晶拼命地催促着说："陈汝逸，你快一点儿！"我把双手伸到朱晶晶面前，只见朱晶晶一手捏住一个叉，往下一绕，往上一顶，就变成了一张大鱼网……就这样，毛线绳被我们一拉一勾一挑一顶，一会儿长，一会儿短，一会儿翻上来，一会儿拉下去，在我们手中变出了各种各样的形状。

　　最后，老师让我们展示小组的作品，同学们做出的造型真是让我大开眼界：有黄彩辉精心设计的"鸟窝"，有戴文婷带来的美丽的红"钻石"，有张心瑜的三股大洋叉，还有杨先杰的双重倒影版"巴黎铁塔"……但是，最让我难忘的是胡轩睿带来的倒挂着的"长裤"，那样子还有点儿像麦当劳的标志呢。我和朱晶晶带来的五角星也很有创意，多么像天空中那一颗闪亮的金星啊！

　　没想到，一根根小小的毛线绳，能"绳出鬼没"地变换出这么多花样，带给我们这么多的欢声笑语！

这边风景独好

陆　璐

　　挎着轻巧的包儿，坐着舒适的大巴，踏上令人期待的采风之路。

同学们一个个精神抖擞，神采飞扬，携着迎面的秋风，我们出发啦。

我们到达了这次活动的第一站——南亚热带植物园。这里是国家AAA级景区，位于湖光岩畔，可以说是一个常年绿树荫庇，空气新鲜，奇花异草争奇斗妍的美丽氧吧了。

看，珍花奇木还真不止一大把，让人吃酸变甜的神秘果，酷似酒瓶的酒瓶兰，叶儿上绿下金的金星果，暗贮剧毒的见血封喉，硬度似铁的印度第伦桃，飘香十里的桂花……真是叫人眼花缭乱，应接不暇。

一簇鸡冠花吸引了大家的眼球。瞧，那花儿笔挺着枝儿，抽穗出一道道修长的花叶儿，密密的叶丛中冒出一个个芳艳又淡雅的花儿。花托上伸着四根纤细的微黄尖瓣儿，竖着，各自朝着不同的方向，瓣尖微翘，花中细细地点缀着几点红艳的花蕊，使花儿妖娆而不失淡雅，端庄又不缺婀姿。望去，如玲珑俏美的兰花指揉展美态，犹纤纤玉女映水梳妆，又似头顶黄冠的雄鸡啼鸣于碧波边。

南亚热带植物园真是令人眼界大开啊，真可谓不枉此行。

结束了神奇的植物园之旅，我们坐上了红岛游船，在明媚的阳光下，畅游美丽的湛江港湾。站在游船的甲板上，海浪如同在屋檐下拍打，大海的气息在脚边萦绕，俯视碧蓝如玉波澜不惊的海面，看着船两边闪烁的雪白浪花，吹着腥咸的海风，颇有一番乘风破浪之感。

金灿灿的阳光凌空倾泻下来，极目远眺，分不清哪儿是天，哪儿是水，水天相接，化为一匹蓝缎子，饰着高远的苍穹。一个竖着接收塔的乳白巨轮映入眼帘，高高的船头舷号为"168"，听解说员说，这是祖国最先进的舰船，属于祖国的南海舰队。能够见到真是幸运！

粤西最高峰——螺岗岭便是这次采风的最后一站。匆忙吃过午饭，迫不及待地漫步在螺岗岭生态庄园的观景小路上，望去，螺岗岭杂乱之中又极富层次感，四周层层突起，斜斜的，整个螺岗岭就似一个螺形，也许便是因此而得名的吧。阳光下显出浓盈盈的轮廓，峰峦逶迤，转侧生姿。在这种美景下，钓钓鱼，骑骑车，真有点儿令人"乐不思蜀"，只可惜没有机会登上顶峰。

吹着微风，我们唱着流行歌曲，笑着，闹着，无比惬意地度过了这一天。

我的同桌是外星人

邓春月

刚开学，我们班转来了一位外星人。瞧，他多可爱，两只绿莹莹的小眼睛像星星一样闪闪发光，见谁都笑眯眯的。

我的这位外星人同桌真是怪，一连几天都不用吃饭。原来，他体内的叶绿素在可见光的照射下，能将水和二氧化碳转化成有机物，生成营养物质，提供生命活动所需要的能量。

我很羡慕他不用吃饭。他好像看穿了我的心思，笑着告诉我，只要从他的头发上提取DNA，利用高科技进行复制、排序，再将这些叶绿素基因有规律地植入体内，人就可以不用吃饭了。一天晚上，经过激烈的思想斗争，我按他说的方法做了叶绿素基因移植手术。没多久，我便昏昏沉沉睡着了。

第二天，当我醒来时，一缕阳光照在身上，我突然发现自己不想吃饭了。我兴奋极了，跑到太阳底下尽情地晒个够。一连几天，我晒晒太阳就饱了。当老师讲课时，我不再无精打采，这都要感谢我的外星人同桌。

　　我的外星人同桌回答问题时总是对答如流，从不出错；他看书时一目十行，却把课文记得牢牢的，从不多字少字；他画图很快，半个小时就能画完，而且画得栩栩如生、惟妙惟肖……他还是一个具有高智商的男孩儿，来我们学校没几天，就为老师发明出一个"微型监视器"。考试时，如果有人抄袭，监视器就会发出"嘀嘀——"的声音，以示警告。若再抄袭，监视器就生气了，会对着抄袭者大声鸣叫。

　　同学们见我的外星人同桌总是笑眯眯的，以为他好欺负。一次，强强趁他不注意，向他背后打了一拳。"啊——"一个尖利的声音打破了冬日的沉寂，大家以为他受伤了，出乎意料的是，强强受伤了。

　　"老师叫你去呢！""你去吧！""什么，竟敢使唤我！"我睁开眼睛一看，才明白，他哪里是我的那个好脾气的外星人同桌啊，这只不过是我的南柯一梦！

114

牛 排 之 旅

王庆宇

　　春节假期，我怀着兴奋和期待的心情第一次跨出国门，踏上了澳洲的土地，亲眼见到了澳洲的蓝天、白云、大海，当然还有歌剧院！但最让我记忆深刻的，却是澳洲的牛排——哈哈，牛排！

　　也许你会说：牛排有啥稀奇的？我们都吃过。可我说的这个牛排，却是我自己亲手煎的，而且，是在澳大利亚的酒店里煎的！够新鲜吧？嘿嘿，且听我慢慢道来。

澳洲是个美得让人流连忘返的地方，尤其是黄金海岸41层的天空公寓，它雄伟的外观就像一面高耸入云的风帆。一踏进房门，我们都惊呆了：客厅、厨房、洗衣房、餐厅、锅盘刀叉一应俱全，还有个超大的开放式阳台。卧室里装的都是落地玻璃，窗外美景一览无遗，不管从哪个角度看，都像被一望无际的湛蓝天空和海水包围了，让人就想待在房间里不出门——原来，这就是天空公寓的意义呀！

看到我和哥哥兴奋得像两只小猴子窜来窜去，妈妈得意地笑着说："怎么样？我订的'秘密武器'不错吧？这种一百平方米的酒店式公寓我们都是第一次住，这可是我特意为咱们的家庭出游挑选的，就是为了让咱们两家的大厨小厨们上上场，犒劳犒劳我这个辛苦的妈妈！哈哈！"

说干就干。酒店楼下有个大型超市，商品琳琅满目。一进超市，我们就直奔牛肉柜台。选好牛肉后，我们又去买油盐酱醋。因为包装上全是英文，我们花了好大工夫才找齐配料，开心地哼着小调儿回到房间。

115

我自告奋勇要求自己动手。在妈妈的指导下，我先把生牛肉放到盘子里，又加入料酒、盐、酱油等进行腌渍，然后开始清洗蔬菜。大约过了半个小时，牛排腌得差不多了，我取出大小合适的煎锅，放在电磁炉上，开火，倒油。油热后，我先试着放了一块小小的牛排进锅里，锅里立刻发出了"刺拉"的声音，油烟也随之升起，像阿拉丁神灯里的灯神一样，化作一缕细烟钻入了我的鼻孔。好香啊！我乐开了花，抑制不住兴奋的心情，在厨房里蹦了起来。妈妈笑着喊我："快换面啦！不然要煎老了！"我赶紧拿起铲子，想把牛排翻过来，可它不听我的话。我又抓起一把铲子，双铲齐下，总算成功了。不一会儿，牛排就出锅了，不过因为刚才翻转时的小插曲，有一面的边缘有点儿焦了。

接着，我和哥哥又用同样的方法，把其余几块牛排都煎好了。最后，所有的牛排都躺在了漂亮的白盘子里。我再在盘子边缘摆上妈妈煮好的蔬菜，红绿相间，荤素搭配，光看看就很有食欲，不比外面餐厅的牛排差呢！

我们倒上酒和饮料，把东西都搬到了阳台的桌子上。我对着海景切了一块牛排放进嘴里，呀，鲜嫩多汁，美味极了！

瞬间的改变

邵如萍

舞毕，整个会堂响起了雷鸣般的掌声。"太好了！""太妙了！""太不可思议了！"全场观众情不自禁地感叹，所有观众发自内心地赞美着。

舞台上的她身着华丽的舞衣，静静地坐在轮椅上，宛如仙女初临尘世一般。她面带微笑，张开双臂，身体前倾，向所有在场的观众致谢。做完这一切，她驱动轮椅，退出舞台，她的眼泪也情不自禁地溢出了眼眶，她的眼前浮现出改变她命运的那一幕……

十二岁生日那天。"宝贝，生日快乐！"妈妈神秘地笑着，送给她一件生日礼物。她从妈妈的手里接过来，只是一瞥，她便惊喜地跳了起来，原来那是她梦寐以求的礼物——芭蕾舞曲的门票。听说中央芭蕾舞团今晚有一台演出，妈妈费劲心思才给爱芭蕾的女儿找来一张票。她狠狠地亲了妈妈一口，旋即飘出了家门。

　　她从小酷爱舞蹈，尤其是芭蕾舞。她爱那白天鹅的纯白、高雅，她喜欢穿上舞裙、挺起胸膛、伸长脖子时的快乐。她从三岁起就开始学芭蕾，她爱芭蕾胜过爱自己。

　　虽然离开场还有两个小时，但她抑制不住内心的兴奋。她一路小跑着，不去理会耳边呼啸而过的鸣笛声。也许是太专心了吧，过马路时她竟没听到汽车的鸣笛声，一团黑影冲过来，她只觉得身体飘起，天旋地转，然后就失去了直觉。

　　她醒来后，妈妈泪眼婆娑地望着她：她失去了双腿！她彻底绝望了。开始不停地哭闹、摔东西。她一度沉迷在劲舞团的游戏世界中："我自己不能跳，但我可以控制那些小人，让它们跳。"

　　时间一天天过去了。有一天她无意中发现了自己几年前看过的一本书——海伦·凯勒的《假如给我三天光明》。以前看这本书，她毫无感觉，觉得海伦的命运离自己很远。如今，再翻开这本书，她感慨万千。海伦接受了生命的挑战，用爱心去拥抱世界，以惊人的毅力面对困境，终于在黑暗中找到了光明。既然海伦·凯勒可以成功，自己是不是也有希望呢?

　　从那以后，她开始主动要求接受治疗，并做康复训练。她在网上了解到轮椅国标后，她也去报名参加。刚开始训练的时候，她吃了不少苦，假肢和骨头的接缝处被磨得出血，手上也磨出茧，但她是快乐的，满足的：只要能跳舞，她付出再多也值。在经过了无数次的挫折后，她终于成功了。

　　看着眼前的这一切，想起那划过脑海的一幕幕，她的泪还在流着，只是嘴角的笑越来越坚定。

在逆境中成长

华晨曦

那个分数，无疑给了我深深的一击。

当老师将复杂的眼神投向我的那会儿，我刻意地躲了一下。对，就是假装在看试卷。可是，试卷上这一个挨着一个的红叉叉，又怎能平抚我那颗突突乱蹦的心？

放学回家的那段路，我走得慢了又慢。只希望泪水在此刻就能尽情流淌，而不是全部憋在心中。我也在一遍又一遍地审问自己：这个分数，代表了什么？近期的水平？不认真的态度？抑或……

整个寒假，我画地为牢，就整日地呆在家里。平日的活泼劲儿全不见了，电视也不看了，话也少了许多。爸爸给我买回来好多复习资料。我就一题又一题，一遍又一遍，一本又一本地做。写错了也不问，写丢了也不管……有时，我会趁家中无人的一刻，对着镜子一个人疯狂地大吼、尖叫；有时，我甚至还会在羞愧到极点的一刻，突然之间大脑一片空白，茫茫然不知身在何处，真若灵魂出窍般。

此种糟糕的精神状态，一直延续到元宵节前后。那天，不知怎的，她突然来了。

"去看烟火表演吧？可热闹了！"那天晚上，她眼里一波一波荡漾着的，全是真诚的笑意。看着她，刚到嘴边的拒绝之语，被我不由

自主地咽了下去，生生换成了"嗯"。毕竟压抑了太久，我也想觅得一个坏情绪的释放口。

刚走出家门，我就深深叹了口气。想哭。是的，好久没有出来走走了。这如水的月光，好像从不曾在我的生命里出现过似的：那么陌生，又如此美好。

"轰"的一声巨响，我仰起头来：一大朵美丽的烟花，正在夜空中尽情地绽放！又一尾烟花，像盛装的巨龙一样升起来了！游鱼腾跃、姑娘笑脸、爱心图标、百花争春，还有鹊桥相会，还有繁星闪烁，还有许多许多我所不知道的主题！赤橙红绿青蓝紫，都被请来了。人群里爆发出一阵一阵的尖叫！起初，我还极力克制自己，怕在接连不断的美的面前，失态。随着焰火的层层推进，她的喝彩声声……我到底忍不住了，尖叫声破口而出！

我的尖叫，是因它们而自豪，也为它们骄傲：先前不尽的酝酿，只为了这一刻的绚烂啊！先前不尽的努力，只是为了这一刻的明艳啊！先前不尽的挣扎，也只是为了这一刻的奇幻啊！它们前赴后继，全都那样快速地飞往高处。只要能让人们一饱眼福，就算化为灰烬顷刻跌落，又怎样？绽放的时间很短，可哪怕只有一秒，它们也全都尽情地燃烧过自己那炙热的灵魂了啊！

"你的灵魂何时燃烧？"她突然发问。心头的滋味顿时又变得复杂起来：是啊，我是否也要学那烟花样儿，再努力一点儿，等待机会用尽全力展示一次？我就这样任由自己湮没在没完没了的自责里？我就这样任由自己潜藏在没边没际的题海里？我到底想不想让自己炙热的灵魂也轰轰烈烈地燃烧一次？！

答案是肯定的。我要燃烧！一念至此，我拉起她的手，大步向家的方向走去。

快乐的一天

韩鸿飞

　　天上的白云忽聚忽散，像个顽皮的孩子，路两边的绿树青翠欲滴，我的心情也如绽放的花儿般灿烂。因为今天我们要去青岛崂山玩耍，想到这儿，我就好奇极了。突然，视野一下子黑了，我的心一惊，仔细一看，哦，原来是车驶进了隧道，难怪会漆黑一片呢，时间如飞箭，眨眼间，我们便到了目的地。

　　我们坐在公交车上，周围的山，周围的花，周围的水把我们环绕，我们仿佛都成了大自然的孩子。海面上波光粼粼，一望无际，几只渔船在海面上忙碌着。渔民伯伯辛勤地撒着网，脸上洋溢着幸福的笑容。游览区，不一会儿就游览完了。

　　接下来，就是爬山了，我们坐上缆车，我丝毫不敢松懈。因为生怕一松手，就会掉下去，我忐忑不安。不过渐渐地，我适应了，在半空中欣赏着四处的景色。只见一座山上刻着许多大大小小、千奇百怪的"寿"字，这就是天下第一寿，真是名副其实呀！

　　我们下了缆车，向山峰前进。一会儿，我们便来到了觅天洞，向上望去，啊！原来这觅天洞顶由五块巨石向上排成了一条线。我们一个个弯着腰，低着头，小心翼翼地钻了进去，里面一片漆黑，众人借着手电筒那微弱的光，一步步、一层层地向上爬去。"啊"一声，一

定是有人不小心碰到了头吧。

"到顶了！"一个人欢呼道。我们顺着他的方向看去，有一丝光。我们再接再厉，一口气，爬出了洞。享受着阳光，呼吸着新鲜的空气，有一种说不出的喜悦。

今天真是快乐的一天呀！

母 爱 与 葱

童晓燕

"这家饭店买葱不要钱吗？"我的声音中有着掩盖不住的抱怨。

"哦哦，你看我，竟然忘了告诉他们不要在菜里加葱了。"妈妈连忙有些歉意地说。

寒假开始了，妈妈在家长会上接受了校长和几位老师的"轮番轰炸"之后，感到"压力很大"，于是便给我报上了寒假预习辅导班。一共十天，每天从上午9：30一直上到中午12：20，而下午1点还要赶着去上写作课，中午吃饭的时间就变得十分紧张。妈妈就只好在中午接我之前到饭店买两盒饭菜，让我在车上"解决"午饭。却没想到第一天菜里就有葱，而我又是从来不吃葱的，于是便有了开头这一幕。

"你把菜给我，"妈妈说，"我帮你把葱挑出来吧。"我把菜盒递过去，妈妈便一丝不苟地挑了起来，菜却一口都没有吃。

挑完一盒，妈妈说："还有点儿葱味，今天你先凑合着吃吧。"

说着便递了过来，又拿起了另一盒。"妈，你不吃吗？"我问。"嗯？哦，我在单位已经吃了一碗面条，饱了。"妈妈顿了一下，有点儿迟疑地回答，手中的筷子却一刻也没有停下。

我如同风卷残云般将饭菜吃得干干净净，妈妈就那么一直默默地为我忙碌着，挑葱或开车赶路。食毕，唇齿间依然残留着淡淡葱香。

晚上回家，妈妈正做着饭。"妈，以后炒菜，加葱吧。"我一直都知道，妈妈是爱吃葱的。"哦？怎么突然就愿意吃葱了？"妈妈不解地问。我笑了："好吃。"

我已经感受到了一种浓浓的母爱，如同葱香一般，回味悠长……

永远走不出妈妈的目光

顾宇政

122

我报名参加了英语演讲比赛，可妈妈说，比赛那天她要加班，不能去了。听了这话，我心里有些不是滋味，其实我也很矛盾，既希望妈妈来看我表演，给我加油，可又怕妈妈来了我会更紧张，会令她失望。妈妈哪知道我的心思呢，只是一个劲儿地向我道歉："对不起，儿子。虽然不能亲自观看你的比赛，但妈妈相信你一定是最棒的！"

比赛那天，很多小选手都是在父母的陪同下来参赛的。看着他们幸福的样儿，我心里更难过了。在紧张的等待中，我总是情不自禁地向门外张望，我多么希望那儿能出现妈妈的身影啊！可我一次又一次地失望了。轮到我上台了，我最后瞟了一眼门外，奇迹还是没有出现。我心里有点儿酸，有点儿凉，还有点儿怨。

走下演讲台，我又忍不住胡思乱想起来：如果妈妈来了，也许我的表演会更精彩些；如果妈妈看见了我的表演，一定会使劲儿夸奖我的……可这一切都只能是"如果"！

比赛结束了，当我拿着优秀奖的荣誉证书和奖品快快不乐地走出赛场时，忽然，我看到了一个熟悉的背影——是妈妈！我飞快地跑过去，埋怨道："妈妈，你才来呀！可惜我们都散场了。"妈妈笑眯眯地拉起我的手，把我刚才演讲时的优缺点——指了出来。她还说："妈妈是专门请假来的。我赶到的时候，正巧你在台上。我不敢进去，怕分散你的注意力，就站在门外头看。没有妈妈在你身边，你讲得一样精彩啊！不过，还有很多选手的实力都比你更强，你得努力呀！"啊，原来我错怪妈妈了，原来妈妈把爱藏在心里，原来妈妈关爱的目光一直伴随着我呀！牵着妈妈的手，我觉得那么温暖。

"世上只有妈妈好，有妈的孩子像块宝……"为什么人们总爱唱起这首歌呢？这是因为无论孩子长多大，走多远，永远也走不出妈妈的目光。

定格在记忆中的画面

祝礼佳

那个下午，永远铭记在我的脑海中：碧蓝的天空之中，看不见一片云朵，天空很平静，宛如不带丝毫波澜的湖面。太阳光毒辣地照射在地面上，温度之高，使得不少人暗暗叫苦。不过天空之下，时不时传来一阵嬉笑的声音，却也使人觉得凉爽不少。

"同学们，请快站好，我们马上就要开始照毕业照了。"突然摄影师的声音从不远处传了过来，这声音使得喧闹少了几分，但很快声音又大起来，所有的学生都在与身边的友人讨论着什么。

很快，每个同学都在各自的位置上站好了。接下来，只要摄影师按下快门键，毕业照就这么平淡无奇地拍完了，而我们这群毕业生，也将各奔东西。结束自己长达六年的小学生活了。"我……我不想毕业！"突然，不知道谁大喊了一声，又有人附和了一句，之后更多的人回应了这句话。有些同学甚至已经哭了出来，其他的同学的眼角也开始闪烁起泪光。

看到这场面，我的眼圈不禁有点儿泛红了。是啊！无论平常对你表现得有多不在乎的人，在此刻都流出了不舍的眼泪。我正在动容之时，肩膀被人重重地拍了下，回过头去，映入眼帘的是平日里几个关系最好的朋友，面带笑容的脸分明是在笑，但我却能清楚地感受到那笑脸之下深藏的无奈与不舍，虽说是在笑，可眼角却分明闪着泪花。每个人都在强颜欢笑，我再也看不下去了，转过身去，给站在背后的每个朋友一个拥抱。

大家拼命地睁大眼睛，想抑制住泪水，但眼泪却好像故意与我们作对一样，不住地往下掉。我闭上了眼睛，想要将这份不舍埋藏在心底，可这份悲伤仿佛突然有了智慧一样，死死地缠绕在我的心头。

既然我挡不住，那便索性由他去吧……这样想着，我睁开了眼。突然，一阵莫名的冲动涌上心头，我将手半停在空中，说道："大家一辈子都是好兄弟！"面前的朋友们愣了一下，但很快便反应了过来，将手搭在我的手上。我和每个人对视了一眼，接着大家异口同声地说道："一辈子的兄弟！"

值得一提的是，我在说话时，无意间望向了那位摄影师，他似乎

觉察到了我的视线，朝我轻轻一笑。

　　不知不觉中，时间过去了。天空依旧湛蓝，天气依旧酷热，天空之下，不少同学在轻轻地擦拭着脸颊上的泪水。而那位摄影师依旧没有出声，只是面带微笑地静静看着同学们。虽然并不出奇，但这份光景永远地刻在我的心中。

泰 国 游 记

陈思涵

　　因为"香米"，我知道了泰国；因为大象，我向往泰国。假期，爸爸带着我和妈妈、婆婆去了泰国，圆了我的泰国梦。

　　刚踏上泰国的土地，第一反应是热。家里明明是凛冽的冬日，这里却是酷暑的夏日。刚见到导游，我就被他逗乐了。泰国导游是个华侨，他开腔就说："各位好。你们知道在泰国是怎样称呼人的吗？"顿了顿，他说道："男的叫'屁'。因为我姓罗，所以你们应该叫我'屁罗'。如果有姓'古'的，那我们就称呼他为'屁古'。"大伙顿时哄堂大笑起来，因为车上真有一个"屁古"先生。接着，"屁罗"又告诉我们，泰国的小女孩儿被称为"水晶晶"，成年人叫"水汪汪"，老年人叫"水干干"。呵呵，真是有趣的称呼。

　　因为泰国是一个佛教国家，所以我们参观了许多寺庙，看了很多的佛像，听了很多的佛法故事。但在曼谷的一天下午，导游却带我们去看了一场表演。舞台上，一群人穿着五颜六色的盛装，载歌载舞，还不时地搔首弄姿。导游说这是人妖。明明是人，怎么会是妖呢？我很纳闷。

最兴奋的活动，就是在芭提雅骑大象了。我和爸爸共骑一头大象。那头大象，皮肤粗糙，全身黝黑，两个大耳朵像蒲扇般前后摆动，长鼻子也一刻都不消停，勾拉旁边的树叶吃。我坐在象鞍上晃晃荡荡，感觉很害怕，便紧紧地抓着爸爸的手臂。爸爸说，以前的大象都是战象，坐在上面的都是威猛的战士。听爸爸这么说，我突然觉得自己就是一位女将军，立马坐得端正起来，也不害怕了。可这头大象早就没有了战象的英姿，步履缓慢，喘着粗气，身旁还跟着一头小象，走走停停，在途中因偷吃还挨了主人的鞭子。最搞笑的是，还总是拉大便，真是"懒象多屎尿"。不过，大象的皮毛摸起来倒是很舒服，像一把把梳子。大象主人说只要出一百铢，他就卖给我们一个象毛环。一百铢，二十元人民币，我可以买十把梳子了。再说了，如果游客都买象毛环，那大象的毛发还不得全都被拔掉，那它们岂不成"光头象"了。

泰国真好玩，我吃了香米、喝了冬阴功汤、看了人妖，还骑了大象……下次我还要来，好好地享受下泰国的阳光与沙滩。

火车上的夜行

刘秉彦

四年级的暑假，我生平第一次坐火车卧铺和爸爸去西安市旅行。

刚踏入车厢，我就大失所望：火车上的床怎么这么窄？我睡觉的时候特别喜欢翻身和打滚，在这种床上睡觉该不会摔下去吧？这时，我的脑海里闪出一个让我兴奋不已的念头——干脆晚上不睡觉得了！

"熄灯啦！熄灯啦！"晚上，列车员在各节车厢走来走去地提醒大家。几分钟之后，整个车厢陷入了一片黑暗，但卫生间的灯还亮着，应急灯也亮着。爸爸叫我早点儿休息，这样明天才有精神。我听了不禁暗笑：他哪知道我那个伟大而有趣的计划呀！

过了一会儿，我的"夜行"行动正式开始了。我先在床上练习压腿和劈叉，之后又开始练习蛙泳的动作。接着，我又做起了俯卧撑，可才做了五个就累得不行了。还是做仰卧起坐简单，可没有人能帮我压住脚踝。"要是有个朋友陪我玩儿就好了。"我在床上呆呆地坐着，想着。

很快，我又发现了一件可以做的事：我看到一条珍珠项链从上床的缝隙里垂了下来。我想通过那个缝隙把项链顶回去，但那可不是一件容易的事——只要我稍一松手，项链就会滑落下来。最后，我只得放弃了。

这时，我隐约听见从远处传来一阵脚步声。我的心跳骤然加速：该不会是坏人吧？我吓得不知所措，只能静静地坐在床上，等待着下一刻可能发生的事。事实证明，这只是虚惊一场——走过来的是一群特警。等等，他们这么晚了在车上干什么？巡逻？要不就是接到命令，难道车上有小偷？脚步声渐渐远去，我的心也平静下来了。我觉得发生的一切都是那么不真实，像是在做梦。你想想，在这么一节车厢里，大家都睡着了，只有我一个人醒着……

又过了一会儿，我真的感觉到了一丝倦意。我躺了下去，心想：我就躺几分钟，然后继续"夜行"。我拿出手机看了看时间，已经快十一点了。就这么磨蹭着，我竟然不知不觉地沉沉睡去了。当我再睁开眼睛时，窗外还是一片漆黑，耳边是火车前进时发出的"哐当"

声。我揉揉眼睛，手脚利索地爬起来，又拿出手机看时间。什么？才十二点多啊？时间过得怎么那么慢？

我从包里把《父与子》拿出来，到过道里蹲下，借着应急灯的光线看书，还没看完一页，我就觉得这样太麻烦了，于是改到卫生间门口看。列车员和特警依然在车厢里巡逻，我想：如果他们走到了列车的尽头会干些什么？他们如果发现了意外情况会怎么办？他们除了巡逻还会做其他的事吗？他们不睡觉吗？……接二连三的疑问让我没有办法静下心来读书了，我决定跟踪他们。我先记住了床的位置，又记住这是几号车厢。当巡逻人员又一次走过时，我就悄悄地跟在他们后面。可我越往前走心里越害怕：万一我被发现了怎么办？他们会把我当成坏人抓起来吗？万一爸爸突然醒过来，发现我不在床上又该怎么办呢？想到这儿，我赶紧一溜烟似的跑回了车厢，坐在窗户边的座椅上。

过了一阵，这节车厢里有人醒了，他们用方言大声地谈天说地，把我独享的幽静给破坏了。我实在受不了了，又到卫生间门口看书。看完了《父与子》又看《草房子》，两本书都看完了，我只好回到原来的座位坐下。可那些人还在聊天，真吵！我拿出一瓶矿泉水放在桌子上，试图用嘴把它吹翻，但我的肺活量不够大。我一口气喝了大半瓶水，又放在桌子上吹，这回成功了。吹了几次后，我感到腮帮子特别痛。算了，不玩了。

于是，我就坐在那个座椅上，隔几分钟就站起来走走，直到太阳升起。

唉，火车上的夜行也该结束了。

游　澳　门

于　越

　　今天是正月初二。早晨，天蒙蒙亮，我就和爸爸妈妈在舅舅的陪伴下，来到珠海拱北口岸，开始期盼已久的澳门之行。

　　呀，去澳门的人真多！都排成了好多条长龙。舅舅说："如果我们就这样排下去，恐怕要两个小时！"于是，我们赶忙乘车来到湾仔码头。果然，这里的人少一些，只排了一会儿的队，通过一系列的过关检查，便登上了船。船驶过澳门与珠海的"分界线"——濠江，我们便踏上了澳门的土地！

　　为了深入感受澳门，我们往街道深处走去。呵，街道真窄，只有两米左右宽！并且，道路基本上都建在山上。所以我们走的大多是较陡的山坡。才走了十几分钟，我就累得气喘吁吁。我对妈妈开玩笑："我终于知道，澳门的女子为什么这么苗条，原来是靠走这山路来减肥的呀！"一路上，我发现路两边的楼房大都是古典的欧式风格。我们参观了真正的基督教教堂和圣母像，发现澳门虽然早已回归祖国，但仍有西方文化的影子。街道两侧的楼房大都关门闭户，人去楼空。一问才知道，许多澳门人都到内地度假、过年。一方面欣赏内地的美景，一方面享受价廉物美的服务！接着，我们来到了繁华的大街。哇，游人如织，车水马龙。汽车一律靠左行驶，司机都是靠右坐的，不管什么情况，汽车总是让行人先走，澳门人的礼让可见一斑。

走着走着，我们来到了澳门的标志性建筑——大三巴牌坊。据说，这儿原是座宏伟堂皇的大教堂。但岁月沧桑，它们都倒塌了。如今只剩下这一面墙，静立在那里，见证澳门的荣辱兴衰。然后，我们来到澳门最繁华的食品街，品尝了澳门手信等美食，并亲眼看见了心灵手巧的澳门人是如何做出这些名扬海外的美食的！

时间悄悄流逝，不知不觉，已是华灯初上，该吃晚饭了。舅舅带着我们来到一家普通的饭店，当我们吃得饱饱的，肚皮撑得圆溜溜时，该结账了。一算，呵，真贵！简单的一顿饭，一千多元！舅舅见我惊讶的样子，笑着说："澳门外来游客很多，经济繁荣，物品的价格比内地贵些。"我听得目瞪口呆。

有句话说得好："不去赌场不能算游了澳门！"于是，我们来到外形如巨大五彩莲花的新葡京赌场。因为我未满二十一周岁，所以不能进去，于是妈妈陪我在大厅里参观。在那里，我看到了世界上最大的钻石和宝石，那可都是价值连城的啊。还有圆明园十二生肖之马首，这是葡京的主人，有澳门赌王之称的何鸿燊先生，从法国人那里花了六千多万买下献给祖国的。看着这巧夺天工、历经沧桑的马首，我为古代劳动人民的智慧所折服，更为何鸿燊先生的爱国壮举所感动！抬头再看，头上的水晶灯十分豪华，单这个大厅，这样的大型水晶吊灯就有好几十个……当后来我说起大厅里的豪华时，爸爸摇了摇头，说赌场里富丽堂皇、服务一流，超乎想象。我又问：那里面也像反映旧社会生活的影视里表现的赌场里那样的喧哗、嘈杂、乌烟瘴气吗？爸爸说："里面秩序井然，人们文明、优雅得很。"听到这里，我不禁愕然了！

时近半夜，得回珠海了。回望灯火辉煌的澳门，我不由得想起了"一国两制"的伟大创举，想起来改革开放，想起了邓小平爷爷……

考　试　控

陈晓雪

　　现在，三天一小考、五天一大考对于我们来说是比吃饭还平常的事。身为六年级毕业班，我们怎能不为自己的复习"加码"呢？

　　早晨醒来，第一次考试开始了。

　　"这次不用写，口答就行。"舍长大发慈悲，"边穿衣服边说！不要浪费时间！生活考试现在开始！第一题：早晨醒来第一件事是什么？第二题：先穿衣服还是先穿裤子？请论述自己的理由。第三题……"

　　等脸洗得差不多了，第一场考试也完了。接下来是早操考试时间。"同学们早上好！"老师站在队伍前的空地上说，"六年级同学共有510人，没有认真听我讲话的人数与认真听我讲话的人数之比是3比7，请问，认真听我讲话的有多少人？"

　　当所有人都得出答案后，跑操开始了。我们刚要喊口号，老师突然提问："同学们，'一''二''三''四'分别占口号总字数的百分之几？"整个大操场鸦雀无声，每个人都在认真计算。

　　晨练完毕，我们去食堂吃早饭。食堂里并没有标出每种早餐的价格，而是写着：米线，3+9-7+5-4+1（单位：元）；面条，5+7+8-10+1（单位：元）……当同学们计算完价格，付钱买了早点后，食堂

阿姨突然对我说："这碗米线有50根，长的每根3克，短的每根1克，总共有120克，请问长短各有几根？"我得赶紧算，要不米线都凉了！

周末回家，我对老爸说："老爸，你得租一辆卡车，给我拉放假要做的试卷。"到了租卡车的地方一看，队伍排得一眼望不到边。"嗯，今天来得还挺早的，队伍还没排到出海口呢，走，排队去！"

蚯蚓"分身术"之谜

窦雨涵

一天晚上，我津津有味地读着《十万个为什么》。突然，书上的一个新奇的话题"蹦"进了我的眼帘：蚯蚓的身体被切成了两半后还能继续活下去。我思考着，想做个实验验证一下是否真是这样。

我把自己的想法告诉了妈妈，立刻得到了她的支持。说干就干，我和妈妈带着铲子和几个大塑料袋向小区旁边的小河边进发。几分钟后，我和妈妈便开始挖土了。果然，这里的土质很好，又软又松。我越挖越心急，越挖越激动！这时，我突然听到妈妈在大声喊："快来看，这里有一条蚯蚓！"我丢掉铲子，飞奔到妈妈所在的位置。低头一看，只见一条蚯蚓探出脑袋，四处张望着。看着它那又细又长的身子，我都不忍心做实验了，但为了得到满意的答案，我还是闭上眼拿起铲子，从它身体中间的位置切了下去……

我睁开眼，紧张地盯着切断身体后的两段蚯蚓，看着它们紫红色的伤口，我突然有一种犯罪的感觉。要是它们活不了，我不是白白伤害了一条生命吗？我越想越难受。过了大约三十秒，断开的两条蚯蚓竟然真的开始慢慢蠕动，不一会儿，就各自钻进泥土中去了。我的心逐渐放松下来。虽然实验证实蚯蚓被切断身体后仍能存活，但我还是对蚯蚓神奇的"分身术"感到困惑。身体都断开了，它们真的能一直活下去吗？

为了解开这个谜，一回到家，我便去请教我们家的"博士"——电脑。我打开网页，还好网速很给力，不一会儿就查到了有关蚯蚓的特殊能力的资料：当蚯蚓被切成两段时，在一定的条件下，它断面上的肌肉便迅速溶解，形成新的细胞团，同时白血球聚集在切面上，使伤口迅速闭合。在体腔里的原生细胞到切面上来与溶解的肌肉细胞一起，形成结状的再生芽。正是因为这样，蚯蚓被切成两段时才不会死亡。

哈哈，我终于解开了蚯蚓神奇的"分身术"之谜！自己动手做实验，追踪探索，还真是超有成就感呢！

晒晒我的"两千八"

郑晶晶

你知道吗？我曾经因为晒太阳，获得了一笔财富！

三年级的时候，学校开始招男足和女足队员。也许是一时冲动，一天放学后，我去了操场挑选队员的地点。当负责挑选女足队员的教

定格在记忆中的画面

练，也就是我们的体育老师路过时，我的心脏忽然开始剧烈地跳动。教练面无表情地看了看我们，说："你们都喜欢足球，那现在就开始训练吧！"大概因为到场的一共只有十几个人，所以教练觉得没有选拔的必要吧。

教练先教我们怎么带球。那天的阳光特别猛烈，我埋头苦练，汗水顺着发丝滑落，流过了我的身体，凉凉的……

经过几个月的训练，留下的人所剩无几，但进行五人制的比赛还是可以的。我的基本功已经练得不错了。我和六班的董同学是剩下的人当中实力最强的，教练想让我们在球场上"双剑合璧"，便让我们两个人在以后的训练中结成一组，以便将来在赛场上能配合默契。我们也陆续开始参加比赛了。第一次比赛是代表乐清市去温州参赛，我们不负众望，获得了第三名，今后就可以参加浙江省的比赛了！

又过了一个学期，我俩不管是球技还是默契度都有了极大的提升，因此，我俩被教练推荐到绿城足球学校进行了一个星期的特训。我们不仅获得了专业的指导，还得到了绿城的球衣和浙江省队队员的球衣——我们已经是能代表浙江省的球员啦！

一个星期三，教练来到我的教室，当着全班同学和数学老师的面说："晶晶，你回家叫你父母把账号发给我。你以前代表乐清市参加比赛，乐清市给了你一些补贴，最少有两千八百元！"当大家听到这笔钱的数目时，发出了一阵强烈的"哇"声，甚至连数学老师都睁大眼睛、张大嘴巴，一脸不敢相信的表情，我的脸顿时变得通红。我表面上装作不在意，但内心却像火山爆发似的，激动得根本停不下来！那天一回家，我就立刻在"朋友圈"把这笔钱炫耀了一番。亲友们有的给我点赞，有的给我留言，叫我请他们吃大餐，还有的说"郑老板，发点儿工资吧"。我这才发现，原来，拥有一笔财富真是很幸福的事呀！

我在球场上练习了几百天，绝大多数时间都顶着火辣辣的日头。

所以，我这"两千八"，真的是晒出来的哟！

笑 的 魔 力

张 波

我是一个开朗、爱笑的女孩儿。

也许会有人说："嗨！笑有什么好谈的。笑就笑呗！不过是两眼弯一弯，嘴角翘一翘罢了。"这位同学说得不错，但我可以肯定，这是典型的皮笑肉不笑。文雅的人，大家闺秀还讲究"笑不露齿"，美人还要"嫣然一笑"呢，那杨玉环，想必是回眸一笑了。

笑的形式更是多种多样。苦笑傻笑憨笑，假笑冷笑阴笑暗笑狂笑，奸笑狞笑隐笑浅笑娇笑，长笑佯笑，会心一笑，相视一笑，付之一笑，仰天大笑，不觉失笑，无人自笑，似笑非笑。笑，是如此多彩，当我们想到这一点时，也会忍俊不禁。

笑，还具有无穷的艺术魔力。如达·芬奇笔下的《蒙娜丽莎》，若不是她那迷人而神秘的微笑，这幅作品又怎会闻名世界呢？法国罗浮宫展厅的那尊断臂的维纳斯，若不是她那天使般的笑容，又怎会使无数参观者流连忘返呢？周幽王的妃子褒姒若不笑，又怎会给后人留下"烽火戏诸侯"的典故呢？所有这些，不都是通过笑，来达到其特有的艺术效果吗？

生活中的笑，更是具有其独特的魅力。恋人的笑，铸就了幸福和甜蜜；父母和儿女的欢笑，让家庭充满了温馨与欢乐；同学间灿烂的笑容里透出真诚与团结、友谊与真情。

笑，能让人充满活力和自信。一个时时能以微笑面对生活的人，必然是一个活泼开朗、乐观自信、英勇无畏的人。战场上战士们无畏的笑，奥运会上女排队员们自信的笑，贫苦学子脸上自强的笑，无一不给人以深深的启迪和巨大的力量。我们中间不善言辞、不苟言笑的同学，请你轻松地笑一笑吧！你会觉得，空气是多么清新，生活是多么美好！

笑，还具有"起死回生"之功效。如果不信，请听我慢慢道来：一位姑娘由于受到了巨大的精神创伤而认为这个世界是冰冷的，人是残酷的。于是，她准备投河自尽。但是，去往河边的途中，姑娘遇到了一位晚年生活愉快的老人。老人仅仅是对她微笑了一下，姑娘那久已冰冻的心立刻被这山菊花般的笑容给融化了。她改变了主意。看，笑是多么有魔力啊！

你面对人生的烦恼、挫折与别人的误解时，请你笑一笑吧，朋友！一切的不快都会因此烟消云散，所有的苦难都会被你坚强的微笑吓到，一切的误会也会因你坦诚的微笑悄然消失。到那时，你一定会笑着说："呵，笑的魔力真大！"

一丝惬意心中来

　　云，又渐渐地聚集，天色也暗了下来，天边是一棵大槐树，几只小鸟落在枝梢上，隐去了身影，稀疏的农村小屋，换上了浓重的灰色的剪影。

幸福之春

郭宏玲

周末回乡探亲，驱车行在路上，因为正在修公路，所以我们从另一条路绕回家，途经许多小村庄。春天到了，太阳正温暖着脸，花儿都笑着开了，七种色彩都凑齐了。透过车窗，看见路旁村庄里的房屋全都统一刷上了新漆，重新装修了一番，在山花遍野的灿烂背景下，看起来真漂亮。姑姑说，看起来似乎比城镇里的房子还要漂亮呢。

可不是嘛，乡下外婆家也扩建、翻修了！院子外墙全贴上了整齐漂亮的白色瓷砖，两层楼房，小楼前有一个院子，院子周围种植了许多植物；院子下面有一块草地，一群大小不一的鸡仔在里面捉虫、啄食；院子旁边的饲养栏里还喂养了许多羊，带来可观的收益，怪不得外婆脸上每天都挂着笑容。

上学路上，要经过一户向来贫穷的人家。每天我要从这房前的阶梯上往返至少两趟。那道木门常开着，我常有意无意往里张望。只看见靠墙的是一张很窄的床、一两条长木凳和墙上老爷爷的黑白照片。一位驼背的老婆婆和她活蹦乱跳的小孙女住在屋里。简简单单的布局和场景像放电影一样在我眼里闪现了一遍又一遍，我都能"背"下来了。

这天早上，我一如往日经过时，突然意外地听到屋里传出电视的声音！我一愣，疑惑地想，怎么今天太阳打西边出来，我的"电影"里竟有了新情节？出于好奇，我凑近门仔细听了听。电视中，总理正和一位百姓聊得热切。屋里传出了小女孩儿开心的笑声，但分不清是电视里的小孩儿呢，还是屋里的小孩儿。这天清晨，我本低着头，却猛然瞥见从屋内射出的灯光一反往常的黑暗，取而代之的是明亮、柔和的光芒。我抬起头，看见门开着，屋里多了一张桌子，还增添了许多其他家具和小东西，整个房间顿觉比以往充实了许多。那位老婆婆和桌前的一位伯伯谈笑风生。我赶着上学，继续往前走，心情格外好。

春天已经在身边了，我难以拒绝春天的热情邀请，便几个同学相约春游。按捺不住亲近大自然的兴奋，一路上我们又唱又跳，向一片桃园进发。近了。近了。哇，好一派粉红世界，清新又美丽！

我们爬上桃树，坐在上面玩。主人看见了摇动的桃花，远远吆喝："哎——你们不要破坏桃树啊！"我们回喊："我们不会破坏——坐在上边玩——""小心点儿啊——"我们感叹：拥有这么一大片桃林，真是幸福啊！一个朋友还说，到了丰收季节，收成会好的！

在桃林里穿梭，在明媚的春光里嬉戏玩耍，真是惬意！可惜我们的水没带够，两个同学就跑到附近一家农舍里去讨水喝，一会儿工夫就拎着装满了水的瓶子回来了。一个同学仰头喝了一口，赞道：还是这水好喝！

春天来了，再也没人愁眉苦脸；春天到了，幸福到了。春天会变成夏、秋、冬，但这幸福是不会变的哦！

一丝惬意心中来

司 莉

　　人们总在赞扬辉煌，辉煌有令人震撼、沉醉的力量。于是，那旭日初升时的活力，夕阳西下时的壮阔便可永留心头。

　　其实，并不是每一次的日落都那么悲阔并充满力量，更多的时候，晚霞是那么安静……

　　傍晚，漫无目的地走在乡间的石子路上，不经意的一次抬头，却让我锁定了那个西方的天空。

　　那是一轮淡淡的金黄，不那么耀眼与火热，更多的是一种令人心静的温暖。

　　在它身边围绕的是一抹淡淡的云霞，最内层是金黄色的，边缘漾起一层淡紫色，而后色彩开始浑浊不清起来，金、红、粉、紫、灰，淡淡地渲染了小半边的苍穹。

　　云在风的吹拂下聚拢、分离，而那轮夕阳，在云层间奋力挥放出仅剩的一点儿能量，在夹缝间，迸发出几道金光，那淡而虚幻的光幕在暮色中放出最后的光彩。

　　云，又渐渐地聚集，天色也暗了下来，天边是一棵大槐树，几只小鸟落在枝梢，隐去了身影，稀疏的农村小屋，换上了浓重的灰色的剪影。

太阳，仿佛从来都不曾来过，可那几道淡而不可见的光束还是证实了它的存在，还有那最后的一抹紫罗兰色的云霞……

正如我所说，不是每一次的诞生或落幕，都那么轰轰烈烈，人生也像一杯清茶，淡淡的苦、淡淡的香、淡淡的甘甜。

不是每个生命都能站在巅峰，站在巅峰的人生，少之又少。

而更令人惬意的，则是那些看似平淡，却独属自己的坚持与感动。这样的人生，倒也惹人艳羡，就像那短暂辉煌的云霞，让我一丝惬意心中来。

由此，我忽然想起，余晖下环卫工人清扫马路的身影，火炉前忙忙碌碌的炊事员挥动锅铲的形象，殡仪馆的化妆师在寂静的空间为死者美容的时间段……这不都是看似平淡，却也有独属自己的坚持与感动吗？

农家新事

杨美琪

阳光明媚，空气中弥漫着淡淡的泥土香味。这不，我正在欣赏这片生我养我的土地，让我带你领略一下我眼中丰富多彩的农家新事吧！

养蚕高产了

还记得前两年，外婆总在为养蚕低产的事发愁。今年可就奇怪了，外婆卖完茧后，竟然满脸笑容地回来了。我奇怪地问道："外婆，今年您老人家养蚕没养砸吗？"外婆笑着说："臭丫头，你小瞧你外婆了。外婆今年养蚕可高产了。"望着外婆满脸笑容的高兴的样子，我心生疑问。外婆向我娓娓道来，她说村里来了一位蚕桑技术指导员，她专门让这位蚕桑技术指导员教她养蚕的经验。我听了，才恍然大悟。

我想：养蚕虽是劳动活儿，但也需要智慧呀。外婆虽然老了，但是那颗热爱学习的心仍在。用你那双眼去发现仍在学习的老人吧！

收割机多了

依稀记得童年时，外公外婆总是在田野里忙着用镰刀收割麦子、稻子，脸上流淌着数不尽的汗珠，看了让我十分心疼。现如今，他们再也不需要自己割麦子、割稻子了。秋天已至，一辆辆大型收割机早已开进田野里，外公外婆则跟在后面收稻子。他们的脸上汗水少了，笑容多了，我很欣慰。

我想：科技的进步给农民带来了便捷，减轻了他们的负担。外公外婆的思想观念也改变了，他们现在知道花钱雇收割机收割了。他们感受着时代的变化，我因此替他们感到欣慰。

银杏树多了

总记得小时候，外公家的田野里长满了庄稼。今年，我走到田野里，乍一看，原来的田野上竖着一个个巨人——银杏树，银杏树挺立身子，远远望去，那景象壮观极了。我疑惑地问外公："您家什么时候长了这么多的银杏树呀！"外公说："去年听说人家卖白果，摘银杏叶子，卖白果树，赚了好多钱，我便种了。"我笑着说道："您还想发财呀！"说完，我便捂着嘴偷着笑。

我想：外公这类老人，没有甘于平淡，反而敢于学习年轻人勇闯财路的精神。真是令人敬佩呀。

农村里洋溢着生活的趣味，微风拂过，空气中总是充满着青草泥土香。每个村里都有属于他们的农家新事，用你的双眼去发现吧！

捡拾愧疚的碎片

郑佳佳

人生就像一张拼图，是由许多不同的情感碎片拼接起来的。这其中有伤心的碎片，有快乐的碎片，有幸福的碎片，有遗憾的碎片……这些碎片构成了我们丰富多彩的人生。今天，我捡拾起一枚愧疚的碎片，久久地伫立凝望，引起了我对那段往事的深深沉思。

那是一个寒冷的晚上，外面寒风凛冽，天空飘着鹅毛大雪。我和妹妹在火炉旁取暖，肚子饿得咕咕作响，因为要等到爸爸回来我们才能吃饭。就在这时，一个熟悉的身影闪了进来，是爸爸，他的脸上、衣服上都有煤灰。他洗了洗，我们便开始吃饭。早已饥肠辘辘的我们狼吞虎咽地吃起来。爸爸呢，边吃边谈论着今天的收入。等喝粥时，我没拿喝粥用的碗，便起身准备去厨房找个碗来。爸爸叫住了我："外面太冷，用我的吧，我已经喝过粥了。"可是，我没有搭理他，当时没有人说话，空气似乎凝聚了。我的耳边响起两个声音，一个声音说："他是你爸爸，你不能嫌弃他！"而另一个声音说："别听他的，用别人的碗吃饭多不卫生！"看着我怔在那里，爸爸的一句话打破了我的选择："要不你再去拿一个碗吧，我再喝点儿粥！"我知道爸爸在给我找台阶，可我心里有一种说不出的滋味。我不知道自己这样做是对还是错？

可后来发生的一件事，让我明白我错了。

时间转移到烈日炎炎的夏天，当时热极了，大地就像一个熊熊燃烧的大火炉。我和妹妹不敢出去玩，就躲在屋里吹着风扇，吃着雪糕，看着电视，倒也津津有味。后来无意间看见爸爸在院子里修车，我便从冰箱里拿出一瓶矿泉水送了过去。爸爸一身汗，衣服都湿透了。我把水给他，说："爸，天这么热，别修了，等凉快些再修吧。"他接过水，笑着对我说："那可不行，砖厂的老板急着用煤，我得把车修好赶快去送煤。"说着，他拧开矿泉水瓶，刚要喝时，像猛地想些什么，伸手把水递给我，说："你也渴了吧，你先喝几口我再喝。"那一刻，我呆在了那里。而在说话间，爸爸的手被车上的零件割伤了，划了一道深深的口子，鲜红的血液顺着手指流下来。转过头，我忍不住哭了。

这就是爸爸，他含辛茹苦把我抚养大，不分昼夜拼命地挣钱，为了什么？还不是为了我和妹妹。可我曾经却嫌弃他，连他用过的碗都不愿用，嫌脏。我愧疚极了，懊悔极了，他是最疼最宠最关心我的爸爸，我有什么资格去嫌弃他？他供我读书，教我做人，总是竭尽所有把最好的给我，对他所用的东西，我还有什么好厌恶的呢？

谢谢您爸爸！那枚愧疚的碎片是我人生道路上一笔宝贵的财富，让我明白许多许多……

"负责任"的英语老师

杨天云

　　她，有一张圆盘似的脸蛋，有一头乌黑的头发，就像涂了油漆似的，一双美目就像水灵灵的黑珍珠，眼睛下面一只高耸的鼻子，给人高不可攀的感觉，鼻子上架着一副眼镜，温文尔雅，鼻子下面一个红红的小嘴，上课时发出悦耳的声音，就像百灵鸟在放声歌唱一般。一对月牙似的耳朵，总想让人仔细观看——嫦娥在上面吗？可能是工作的原因，那一头乌黑的头发总显得特别零乱，又透着她的知识渊博，她，就是我们的英语老师。

　　她上课时，会逗得大家哈哈大笑，偶尔用一些"现代用词"，这些都是我们经常说的，可是从英语老师口里说出来，感觉特别有趣，我们之间的距离感就消失了，亲切感大幅度上涨。

　　有一天下午的英语课，打了上课铃之后，打架的、嬉笑的、玩闹的、K歌的，那是干什么的都有啊，我正奇怪老师怎么还不来，突然，教室里鸦雀无声，这时，英语老师正凶神恶煞地站在门口，怒气冲冲地杀了进来。全班默默地等了几分钟，个个都打起了十二分精神。

　　老师终于说话了，不像是批评，而像是在自我检讨，"今天的事，我也有责任，我来晚了。可是大家真的很乱，我一路走过来，数咱班最乱，我也要为这事负责任，大家都别坐了，罚站，而我，和大家一起站，好吗？"她严肃的表情根本找不到任何虚伪的迹象，我们都为之感动，就差流泪了，就因为这，我们愿意站十节课来奉还。

你是我的学生，你在我心中没有优差之分，我对待每一个学生都是一视同仁的，只要你肯学，我就会卖力地教——这就是英语老师的教育方式。

愉快的合作

陈乐淇

星期六的早上，小芝和小磊相约来到我家出手抄报，我们三个人分工合作。小磊是电脑高手，她负责上网搜集有关汉字的资料；小芝擅长画画，她负责排版，画插图；我能写一手好字，抄写资料当然就由我负责。分工完毕，大家便开始忙了。

小磊马上开启电脑，她轻轻敲击键盘，不一会儿便搜集了很多的资料，有歇后语、成语故事、猜字谜等。我和小芝拿出白纸，小芝用铅笔轻轻在白纸上勾画、设计版式，哪里写标题，哪里抄写资料，哪里画插图，她安排得井井有条。我提起笔，笔走龙蛇地写了题目——遨游汉字王国。

"糟了，糟了！我把'遨游汉字'和'王国'隔得太远了。怎么办？"小芝想了想说："让我来。"她在"王国"两个字旁边加上了花边做点缀，于是难题迎刃而解。小磊把收集到的资料让我们看，我仔细挑选了一些抄上去。我一笔一画写得工工整整，不一会儿便完成了内容的誊写。接着轮到小芝画插图了，她在纸上画了一只可爱的小熊猫，小熊猫还在悠闲地啃着翠绿的竹子，还画了一个小男孩儿在田野里放风筝，整个画面看上去活灵活现，人与自然、与动物融为一体。很快，一期图文并茂、色彩艳丽、文字工整、内容丰富的手抄报就展现在我们面前，我们看着令人赏心悦目的手抄报心里乐开了花。

通过这次任务，我懂得了合作的重要性：团结就是力量，合作是力量的源泉，合作是打开成功大门的金钥匙。正是我们三个之间的合作，才使得这次手抄报的任务快速圆满的完成。

浓浓故乡情

蒋文渊

我爱我的故乡，我爱故乡的野马群。

国庆黄金周马上就要到了，远在河北邢台老家的小凤姑姑，突然给我来了个电话，邀请我回老家双凤山去看野马群，还说，双凤山已经成了远近闻名的旅游胜地、社会关注的焦点，就是因为野马群。

记得前几年，每逢佳节我都会和爸爸妈妈回老家看望爷爷奶奶，那时只见石子厂四处都是，植被都被破坏了，以至于尘土飞扬，甚至连天空都是灰蒙蒙的，我每天都要换一身衣服。现在，才一年没回来，家乡能变成什么样子呢？难道太阳打西边出来了？我马上答应下来，想看看野马在山顶奔驰的模样。

回到家乡，跟爷爷奶奶打完招呼，我就迫不及待地拉着小凤姑姑的手，往双凤山上拽，姑姑只得领着我去看野马群。

在爬山的途中，听姑姑说，现在石子厂都已经关了，政府下了很大的力气治理污染，终于又见到了蓝天白云。这时，我能清晰地看见许多奇石，有的像一只卧着的雄狮，圆瞪两眼，威风凛凛；有的像一只雄鹰，大鹏展翅，翱翔天空；有的像一条鲨鱼，露出尖牙，守株待兔……

再往上走，就能看见形态万千的碎石了，虽然是碎石，但也有人的三分之一那么大。碎石上留下了马粪，证明快要看到野马了！我们加快步伐，奋力跑向铁丝网，爬过去后，眼前一片明亮。

两匹马高昂着头，脖子与脖子摩擦，高声嘶鸣；几匹聚在一起，互相用嘴打理对方的鬃毛；几匹聚在一起饮水、戏水……场面那么和谐！让我好想与大自然相结合，迷醉在其中。

148

忽然，野马群排成一字，疯狂地跑着，猛然间，又停下来，接着玩。我很奇怪，问姑姑："姑姑，野马为什么要跑那么快？"姑姑笑着说："这是野马甩掉虱子的一种方法哦！"我点点头，继续观赏野马吃草的模样。只见它们侧着脸，津津有味地啃着芳香的小草。一会儿望望湛蓝的天空，一会儿轻抬马蹄，敲敲坚硬的地面，惬意无比。已经下午了，马儿累了，围成一个圈，站着睡觉了。

故乡啊！我的故乡！好一幅骏马奔腾图！你就像野马一样，充满了活力、野性，但愿你能一直向着美好奔腾！

吃 火 锅

谢 冲

　　"降温了，我们去吃火锅嘛！""好热哟，我们去吃火锅嘛！"
"好无聊哦，我们去吃火锅嘛！""熟了没得嘛？""熟了就没
了！"哈哈哈，听了这一席对话，你是不是已经感受到了我们重庆人
对火锅深深的热爱呢？

　　作为土生土长的重庆人，我们一家人都非常喜欢吃火锅。这不，
趁着假期我和爸爸妈妈又来到小区的"白乐天"火锅店吃火锅。

　　刚一进门，服务员阿姨就满脸微笑地迎上来，说："今天，你们
一家人吃撒子锅底哟？""当然是红汤哦！"我抢着帮爸爸回答道。
接下来，我们就开始点自己最喜欢的菜品啦。爸爸点了最经典的鲜毛
肚和老肉片，妈妈一向喜欢吃鸭肠和金针菇，这次也不例外。我呢，
则点了小朋友都喜欢的梅林午餐肉和土豆片。拿着菜单，服务员阿姨
一路小跑着奔向后堂去为我们准备菜品。趁着上菜前的空隙，我们又
开始打油碟。一小碗香油、一勺蒜泥，这就是最爽口的油碟。锅底上
来了，菜品上齐了，饮料也打开了……我们迫不及待地开始烫起火锅
来。

　　旺旺的火苗欢快地舔着锅底，中间的红汤沸得最为厉害。妈妈
夹起耐煮的土豆片、老肉片……放在沸腾的红汤里。我夹着鲜鸭肠伸

进锅里，一秒、两秒、三秒……十五秒，起锅了，蘸一蘸清油，送进嘴里，又嫩又脆，好吃得很！妈妈也夹起一块鲜毛肚放进沸腾的红汤里，烫一下，捞起来，再烫一下，再捞起来……这样反复几次后，毛肚微微卷起，就意味着熟了。妈妈夹起毛肚，小心翼翼地送进嘴里，她说："新鲜脆嫩，口感真是好！"

鲜菜吃得差不多了，最先放下去的老肉片、土豆片也差不多熟透了。我夹起一块老肉片尝了尝，肥而不腻，又嫩又香，真好吃。"这是正宗的农村土猪肉哟，多吃两块。"妈妈在一旁打趣道。"不行，我还要把胃留给我最喜欢吃的梅林午餐肉呢！"说着，我调皮地笑了笑。此时，午餐肉已经熟透了，欢快地荡漾在沸腾的红油上面，我随手捞起一块，稍微凉了凉，送进嘴里。午餐肉口感嫩滑，香味浓郁，真不愧是我的最爱呀！

爸爸和妈妈喝起啤酒来，我也喝着鲜橙多，我们吃一口热菜，喝一口饮料……一家人一边吃一边聊，胃满足了，心也快乐了！

150

奶奶你真棒

孙明哲

元宵节那天，刚吃过晚饭，村里的人们纷纷携老带幼走向打谷场，观看我村老人秧歌队的精彩演出。

等我和爸爸来到打谷场，人们早已将打谷场围得水泄不通，这里灯火通明，如同白昼。我从人群里挤过去，坐在了最前面。只见秧歌

队的爷爷奶奶们浓妆艳抹，穿着华丽的服装准备登场。

"咚咚锵、咚咚锵——"欢快的锣鼓声震耳欲聋，响彻整个打谷场。秧歌队的演出拉开了序幕。

第一个节目是"扭秧歌"。奶奶们穿着绣花鞋，一身绿衣绿裤，腰系红绸带，她们踩着鼓点，队形不断变换着，一会儿排成"一"字，一会儿排成"十"字，一会儿排成"中"字。她们双手一扬，像一片片彤云，在灯光的照耀下显得鲜红夺目；腰一弯，像给场地铺上了一片绿色地毯；脚一抬，五颜六色的彩鞋像一朵朵五彩的花朵。她们每变换一个队形，人群中便爆发出一阵热烈的掌声，我看得眼都花了，嘴里不住地叫好。

节目一个比一个精彩，我眼睛睁得大大的，却怎么也不见我的奶奶，奶奶也是秧歌队的成员呢！傍晚时分，妈妈刚做好饭，还没来得及端上桌，打谷场便响起锣鼓声，奶奶一听，赶紧收拾演出服装，说了一声"饭不吃了，等回来再吃"，便一溜烟跑出去了。节目快演完了，怎么还不见我的奶奶呢？

最后一个节目是"耍大头"。一个演员穿戴着和尚的衣饰，随着缓慢的鼓点，拿着一个掸子，迈着方步登场。他不时用掸子掸掸身上的尘土，掸去香炉上的烟灰，还未干完，一个姑娘拿着扇子翩翩而来，她一见和尚，不是用扇子扇他的耳朵，就是用扇子拍他的头，两人嬉笑着互相追打。最后，老和尚一个倒栽葱，引得人们哄堂大笑，他们有的仰着头，有的笑弯了腰，有的笑得前仰后合，我也笑得热泪都流出来了。

两位演员谢幕了，人们热烈地鼓掌。饰演和尚的演员摘下头套，我一下子惊呆了，饰演和尚的竟是我那整整七十岁的奶奶。我冲出人群边跑边喊："奶奶真棒！奶奶真棒！"奶奶一下子搂着我，我给奶奶一个甜蜜的吻。

老师的目光

李 翔

　　第一单元考试成绩下来了。"第一名还是李翔吗？"同学们拿着成绩单议论着。"不是！怎么回事？李翔才考了第十六名。"有几个人惊讶地看着我这个"第一专业户"。我当时羞愧难当，真恨不得找个地缝钻进去。

　　上课讲解卷子的时候，班主任张老师用疑惑的目光看着我，脸上是一种恨铁不成钢的表情。专门对着我强调了N遍："这道题我们班的李翔也错了。"说得我脸上火辣辣的。好像这些题我应该都会，是不该错的。下课后，老师找到我说："李翔，好多题我都没想到你会错，是不是假期里玩野了，现在还没有适应过来？"张老师一语中的，我的学习确实还没有进入状态。课堂上，有时候我还想着假期里玩的游戏，想着和我聊天的QQ好友，想着"奔跑吧，兄弟"和"全员加速中"……听课不认真，写字不工整，作业都是疲于应付。

　　张老师语重心长地对我说："马上就要升初中了，你这样可不行！学习态度端正了，我相信你还能考第一。"老师的话对我触动很大，我决心要改变自己，努力上进。从此以后，在老师每天的鼓励的目光下，我课上认真听讲，课下认真复习。皇天不负有心人，第二单元考试我又"王者归来"，考了个第一名。

我又看到了张老师对我满意的目光，我要珍惜这久违的目光，争取在接下来的期中考试中考出一个让老师满意的成绩。

我的朋友不在了

张云飞

今年就要小学毕业的我，在升学的竞争中付出了许多、失去了许多。看着毕业证书，我的心中泛起一阵酸涩，因为，我的朋友不在了。

每年，总有三个年级格外繁忙：小六、初三、高三。我便是小六生。在六年级上学期，我们的试卷就已经堆成了山。老师总是听不到下课铃，但上课铃他们却听得清清楚楚。在忙碌的学习中，只要有空，我就会和朋友黏在一起聊天玩耍，虽然忙碌，倒也不失乐趣。

到了六年级下学期，书本更是堆积成山，试卷泛滥成灾。我和朋友在一起的时间又被老师无情地剥夺了不少。朋友总是眉头紧锁，嘴角不再上扬，厚厚的眼镜片罩在缺乏生机的眼睛上，甚至，有了一丝"少年白"。

竞争十分残酷——全年级百分之四十的人都无法升入本部初中，奖学金的名额更是屈指可数。我和她好长时间没有在一起玩了，关系慢慢变得疏远，之后，我们甚至不再把对方当作好友，而只是当作一个竞争对手。

终于，竞争毁掉了一切。

那天，阴雨绵绵，虽是春末夏初，却有一丝凉意。好不容易下了课，我三步并作两步冲向她。她却没有像往常那样抱住我，而是慌乱地将手上的辅导书塞进了抽屉里，然后用书写着恐惧与慌乱的双眼盯着我。我好奇地问："你藏的是什么书啊？和我分享下好吗？""不好。"她冷冰冰地答道。"为什么呢？""就是不。""为什么？""不说。"她的拳头握得紧紧的，眼神十分可怕。"为什么？"我再一次问道。话音未落，便听到了她的吼声："你已经那么厉害了，为什么还要让我和你分享？你不就是想把我和你的距离拉得更远吗？"我愣了一下，走回了自己的座位。

这五年的友谊没有了，我的朋友，不在了。风，更刺骨了。

我真希望朋友间能少一分妒忌，少一分竞争，不要让更多的友谊在毕业季断送了。

154

别样的馨香

袁悠菁

我一直记得那个笑容，浅浅的，淡淡的，却让人感受到一种别样的馨香。

——题记

倘若我是跋涉千里的夜行者，您必定是重重夜幕里的一盏温柔的灯，永远为我照着回家的路；倘若我是自怨自艾的蹩脚演员，您必定是那热烈的掌声，永远鼓励着我；倘若我是条嬉戏的鱼儿，您必定是一汪碧绿的湖水，永远包容着我的同时，也将我的快乐如涟漪般一圈圈地扩散了去。您，有一个美丽的名字——老师。

在我眼里，郑老师是一个不苟言笑的人。她常以那严肃的面孔对着我们，言行举止透露出一种"王者风范"，发出的指令让我丝毫不敢有违抗之心，内心总觉得郑老师有点儿可怕。

然而，自从那一次以后，我对郑老师有了一种全新的感觉。

那是一次地理考试，身为地理"学渣"的我，面对这突如其来的考试，心拧得紧紧的，心底的那根弦简直要崩断了，整天都在埋头苦读，似乎想把地理课没认真听的内容一股脑儿塞进脑子里，这种行为俗称——"临时抱佛脚"。

时间就这样从我指间流过，分数出来了，我坐在座位上，故作镇定地和同学讨论着试题，等待着试卷发下来。我额上的汗珠早已像断了线的珍珠，一颗颗滴落在书本上，不知不觉，我的手握得越来越紧，直到指甲刺痛手心也浑然不知。卷子一发下来，我的眼珠都快瞪出来了，心里猛地一阵酸，想说点儿什么，话却堵在喉咙里，泪水也不禁流下来……那鲜红的数字，如同一条无情的细鞭，狠狠地抽打着我的心，那刺目的数字，如同一匹脱了疆绳的马，在我心口横冲直撞，直到血肉模糊。

那是我人生中唯一一次不及格，原本天真的我以为临时抱了佛脚，至少也能考七十多分吧，结果呢？换来这么一个结果！我的心好难受，泪水模糊了我的视线，爬满了我的脸庞，也不想擦，只希望这难堪的一页赶快翻过去，我再也不想看到它。

我的脑子里一片空白，整个人陷入了无边无际的黑暗之中……忽然，一只大手搭在了我的肩上，是那么温暖，刹那间，仿佛有一股暖流注入我的心底，我慢慢地抬起头，啊，是您，郑老师！我的心一阵紧缩，我以为您看到了这么低的分数，会严厉地批评我，我已经做好了心理准备。然而令人意想不到的是，您竟然笑了！薄薄的嘴唇轻轻开启，露出了洁白的牙齿，嘴角泛起一个意味深长的微笑。那笑容，如同黑暗里的一束阳光，顿时把我从绝望的边缘拉了回来。随即您在我耳边轻声地说："地理成绩落下了，今后不要去补数学了，争取把地理成绩赶上来，知道了吗？"您虽没有说出什么感人至深的话语，但您的那一笑却使我一辈子也忘不了。

那以后，郑老师对我们依旧严厉有加，依旧很少露出笑脸。但在我看来，一切都不同了。每当我学习累了的时候，每当我遭遇挫折的时候，每当我想要放弃，对生活失去信心的时候，我总会想起那一次的经历，总会想起郑老师的笑脸。那微笑，如同阳光下的茉莉，洁白如玉，馨香淡淡，历久弥香。

156

红包红包，乐陶陶

秦浩轩

过年，红包是小孩子最期盼的。可今年过年，我们全家都在抢红包。

点 红 包

妈妈让我帮她在手机支付宝中抢红包，这个有点儿像游戏打地鼠。倒数3、2、1之后，一个个红包像活泼的小精灵，不断蹦出来，让我措手不及。点到了右上角的红包，另外两个却不知不觉从指缝中溜走了。为了让红包一个都不漏掉，我双手齐动，左右开弓。第二次出现了四个红包，我却因为忙中出乱，一个都没抢到。小红包左右摇摆着手臂，满脸笑容，好像在嘲笑我。

我决定重新用一只手点，这时又有四个红包出现在手机屏幕上。这次我可手下不留情了，手指像有了魔力，迅速地来回移动，越点越快，只能从指缝中看见屏幕上的一道道影子，听到点到红包后一声声清脆悦耳的声音。这次我收获颇丰！一次抢到了两个红包。过了一会儿，爸爸也让我帮他抢。有我这样的红包神手在此，红包还不手到擒来！

摇 红 包

摇红包是春晚的互动节目。晚上十点，一波红包又来临了，我们一家三口不约而同地拿出手机开始摇晃。我拿着手机使劲儿摇，清脆的声音过后，显示未摇到红包。短短的几秒钟，手机上显示的红包数就减少了十万个。为了加快速度，争分夺秒地摇红包，我把手机上的保护套拆了下来。整装上阵，我依然怀着满满的期望，摇一下，没有。没关系，我安慰自己。接着摇，又没有。要有耐心！全力以赴！再摇一下，还没有。贵在坚持！加油！我的胳膊又酸又痛，但我仍然乐此不疲。眼看红包数量十万十万地减少，我的心都快被拧成了麻花。

"我摇到了！"妈妈大喊。我和爸爸感到不可思议，都凑过去看，一看是三元，连忙祝贺她。外公外婆听到了，扶着眼镜，眯着眼睛好奇地往妈妈的手机上看。妈妈摇到后，心花怒放地又投入到了紧张的摇红包战斗中。后来，连外公外婆也参与了进来，屋里充斥着清脆的"咔嚓咔嚓"声和欢笑声，从他们的脸上我看到了孩子般的欢乐。直到最后我一分钱也没摇到，不过没摇到钱不重要，重要的是我们全家收获的快乐！

抢 红 包

除了点红包、摇红包，微博抢红包也饶有兴趣。我看见爸爸拿着手机在刷微博，一会儿眉头紧锁，一会儿又摇着手机唉声叹气。我凑过去一看，原来他是在抢明星红包啊。我拿起他的手机，随便抢了郜林的微博红包，没想到竟然抢到了一个0.5元的红包。妈妈用嘲笑的语气说："你还没你儿子运气好啊！"爸爸看见了也不甘示弱，拿来妈妈的手机继续抢，收到了两元的红包后，又向我投来炫耀的目光。收到红包的我们都欢乐无比。

醉翁之意不在酒，在乎山水也。红包之意不在多，在乎开心也。红包！我们明年再约！

三 条 妙 计

庞博诚

我是一家人中最有名气的电视迷，爸爸"夸"我看电视一心不二用——旁边的人说什么话，干什么事，哈哈，我全不知道。我的身心都走进了电视里。由于我的不懈努力，前几天去医院检查，视力只有0.3。为了保护我的眼睛，妈妈颁布了一道最残酷的"圣旨"——假期不准看电视。

道高一尺，魔高一丈，看我的"借计三招"。

借"热"

中午，天气好热呀！厨房里热气腾腾，妈妈忙得满头大汗。可我闲啊，一闲，看电视的瘾就发作了。可是有妈妈军令在先，怎么办呢？我心生一计："妈妈，天气这么热，客厅和厨房差不多，开开空调吧？"说到热，估计这会儿妈妈最有心得，她一听，立马答应了。

为了防止凉气外泄，我把厨房、卫生间、阳台的几道门关得严严实实，哈哈，客厅成了一个独立王国。我惬意地打开电视，任由空调呼呼地冒着凉气，妈妈什么也听不见！我一边享受习习的凉风，一边美美地看着电视，真爽！看了几分钟，我悄悄到厨房门口隔着玻璃一看，里面的抽油烟机还在虎虎生风，伴着炒菜的噼里啪啦，真够热闹的。我扭头蹑手蹑脚地回到客厅，抓紧宝贵的时间继续看电视！

借"走"

妈妈不上班，一天到晚盯贼一样地防着我，生怕我偷看电视。但是，她是一家的大厨，总要出门买菜的。这就给了我可乘之机。

一次早餐之后，妈妈要出门了，我故意问她："妈，你干什么去？""干什么？不买菜，你们吃啥？你在家里可不能看电视呀！好好写作业。""嗯，好的。"我一本正经地答应了。妈妈下楼了，我有点儿不放心，万一她杀个回马枪怎么办？我偷偷打开窗户，看着妈妈的背影在楼的一头消失，才潇洒地坐在沙发上，快速打开电视。

我得抓紧时间，妈妈留给我的时间可不太多哟。

借"客"

姐姐高考结束，家里就经常有客人光顾。至于他们来都说了些什么，我一点儿都不关心。因为，我得给客人打开电视，让他们边看边聊。我呢，当然是全职的观众喽。这时候，妈妈见客人在，总要给我点儿面子的。至于客人走了之后会有什么好戏，我哪管得了那么多！

瞧我的三条妙计，计计不落空！你也可以试试哟。

砸 金 蛋

边加维

今天，奶茶老师神秘兮兮地告诉我们：今晚续报作文班的同学将被邀请参加砸金蛋活动。奖品各种各样，非常吸引人，有iPad、遥控赛车、电子积木……听完，我们都非常激动。

时间一分一秒地过去了，终于到了晚上6点。妈妈骑着电瓶车将我送了过去。一进大门，五彩缤纷的各种奖品呈现在我的眼前，教室门上挂满了气球，好像在欢迎我们到来。

我走进教室，里面人山人海。过了一会儿，砸金蛋活动终于开始了。

一个胖胖的小男孩儿拿着一张券，大摇大摆地走了过来，他走到放金蛋的地方，左挑挑，右选选，始终没挑到满意的，迟疑了好一会儿，他才挑到一个自己中意的金蛋。他神气十足地走到桌前，拿起金锤。这时，我心里像十五个吊桶打水——七上八下，生怕自己喜欢的玩具被他砸走了。我两眼紧紧盯着金蛋，手里不禁攥出了汗水。突然听见"咔嚓"一声，金蛋破了，遗憾的是里面什么东西也没有。他无精打采地走下了台，垂着头慢慢地走向了座位。

　　终于轮到我了，我箭步如飞地跑到领蛋区，挑了第7排的第7个。蛋里发出一阵阵沙沙的声音，好像在说："我里面的东西不好，别选我了。"犹豫了一下，我又重新挑了第6排第3个。选完，我拿着金蛋走到桌前，心里暗暗祈祷：天灵灵地灵灵，上帝保佑我呀……我闭上眼睛，举起金锤砸了下去。可是却没听见任何声音。我睁开眼一看，原来砸错了地方，金蛋像一个不倒翁一样，摇来摇去，好像在说："你一定砸不破我！"我气得火冒三丈，重新抡起金锤使出吃奶的力气锤去。只听"啪"的一声，因为太用力了，把"金片银丝"震了出来，它们好像是在为我欢庆，我打开纸条一看，开心得一蹦三尺高。啊！是遥控赛车！我心想：一定是金蛋怕了我了，所以变出了一个好的玩具。我的运气真不错！

　　砸金蛋，砸出了幸运，砸出了大家的欢乐！

生态奇观鸳鸯湖

冯诗诺

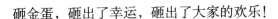

　　冬天的一个早晨，天气晴朗，爷爷答应陪我去游鸳鸯湖。我心里

那股高兴劲儿就甭提了。

爷爷说，鸳鸯湖原名大塘坞水库，是20世纪60年代初建成的一座中型水库。他还清楚地记得小时候，这儿会集了成千上万的人，他们扛石头、运沙土、修筑水库大坝。

我们登上几十米高的坝顶，站在大坝上放眼望去，湖四周群山环绕，宽阔的湖面碧波荡漾，在晨光的照耀下，闪烁着点点金光。湖面上，几条小船在轻轻地划动着。远处的湖心岛犹如一头沉睡的狮子，静静地卧在湖面上。岛上的亭台楼阁掩映在绿树丛中，露出金色的琉璃瓦来。

我们上了一条小船。爷爷在船尾有节奏地划动着船桨，船儿便缓缓地向湖心驶去。我坐在船头，尽情地领略着迷人的湖光山色。

小船绕过湖心岛后，我举起了望远镜。远处的湖面上是成群结队的鸳鸯，它们有的静静地浮在水面上，有的精心地梳理着自己华丽的羽毛，有的在追逐嬉戏……"爷爷，给……"我刚要转身把望远镜递给爷爷，只听见"哗啦啦"一片水声，那些可爱的鸟儿突然腾空飞起，转眼间消失在湖岸的树林中。

我们划着小船往回行驶时，爷爷感慨地说："一晃五十年过去了，想不到这儿的生态环境变好了，竟引来了这么多可爱的鸳鸯过冬。"

凤凰栖梧桐，喜鹊攀高枝。家乡的湖泊成了鸳鸯戏水的地方，怎能不让我们婺源人自豪呢！

难忘的一次舞蹈

曲嘉淇

那是我人生中第一次上台表演……

晚上，妈妈把我打扮得花枝招展，像一个漂亮的小公主，我们一起来到了曹步公园。公园里人山人海，热闹极了。我一想到可以上台表演，用自己的舞姿给人们带来快乐，就异常兴奋。

到后台找到小伙伴后，我和他们"叽叽喳喳"说个不停。一会儿，老师跟我们说马上就要登场了，这时，我的心里好像突然间闯进来一只蹦跳得非常厉害的小兔子。过了会儿，主持人说："让我们用最热烈的掌声有请我们妇女儿童活动中心拉丁舞班的小朋友，为我们带来精彩的表演！"我一听，心里面的小兔子跳得更厉害了，一下呆住了，我身旁的小伙伴拍了我一下，我才回过神来。我深呼一口气，和其他小伙伴一起上台了。

来到舞台中央，随着音乐响起，我们跳起了优美的舞蹈。我们边跳边变换队形，往前的往前，往后的往后，穿插往来，灵活多样。

可是，突然间我停在那里，一动不动，头上不停地冒冷汗，因为接下来该怎么跳，该如何变换队形，我一下想不起来了！我的大脑似乎"关机"了，什么也不知道，什么也不记得了！我傻傻地站在那里，不知所措。

"淇淇！淇淇……"突然，我耳边响起一个熟悉的声音。是妈妈！妈妈在叫我！原来，不知什么时候，妈妈跑到台前挥手叫我，示意我快做动作。我一下子清醒过来，感觉羞死了，赶紧回到自己的位置，机械地跳了起来。我悄悄朝台下瞄了一眼，看到了观众的表情，他们有的很惊讶，有的很失望，但更多的是微笑，向我投来鼓励的眼神。

终于跳完了，我红着脸赶紧跑下台，羞得来不及跟老师和同学打声招呼，就离开后台去找妈妈。妈妈一把抱住我，笑着说："宝贝，没事的，你永远都是最棒的！"

"对不起，妈妈！我真的记不起来了！"我的眼泪唰地流了出来。这时，老师和小伙伴们都围了过来，安慰我说："嘉淇，没事的，下次还有机会，我们相信你！"

我抬起头，含泪点了点头，在心里说："谢谢你们！"

秋风中的那抹绿

曹　清

"一二三四五六七，我的朋友在哪里……"我一路高歌走在回家的路上。

虽已深秋，但树叶仿佛还不愿落下来，懒洋洋地吊在树上。风一吹，树叶便哗啦啦地随风摇摆，互相击掌，仿佛在与秋天做最后的诀别，但终归有叶子承受不住打击，飘然坠落。

那落下来的叶子多半已是枯黄，叶脉已没有了夏天时的挺直，像驼了背一样，向内弯曲。踩在上面，会发出清脆的咔嚓声。如果跳起舞步，那么枯叶一定会是最棒的伴奏者。

面对此景，你的眼睛也许觉得有点儿倦怠，"单调"会在你的心头潜滋暗长。这时，有一抹绿色突然出现在视野中，我惊叫起来，那居然是一棵还长着绿叶的树。

走到树下，细细仰视。叶子泛着浅绿色，但众多叶子集合在一起，就发出了浓重的绿色。周围的树干有的已经光秃秃的，有的还挂着几片枯黄的叶子，在他们的衬托下，绿色更加浓重。

走到树前，我抚摸着树干。一片叶子徐徐飘落，伸手捧在了掌心，轻轻地翻转着叶片。叶脉依然笔直地挺着，叶片的边缘虽有些发黄，但和深秋中的那片绿相比，实在是微不足道。

不自觉地往根部一看，猛然发现这棵树的根部格外粗壮。恍然明白，原来这棵树一直在努力地发展根部，没有一味地往高处生长，所以贮存了更多的养料。当秋天来临时，就能让叶片绿得更久一点儿，落得更慢一点儿。

人生不也是如此吗？如果不打好基础，怎能追求更高远的目标……

想到这里，我不由得加快了回家的脚步。

粥中的味道

姜　云

一进教室就被同学们琅琅的读书声吸引，使我随之融入这奋发的学习气氛之中。津津有味地朗读了好一会儿，不知不觉肚子却在"咕噜咕噜"地叫着。

早自习一结束，我们就迫不及待地赶到食堂，一进门，就有一股纯正的米香扑入我的鼻中，它具有花的清香与芬芳，又在这之间增添了一种特有的香味，到底是什么，我无法用词语来形容。

一念间，粥已经分到自己的碗中，我轻轻地用勺子搅拌搅拌，然后端起，吹一吹，以免烫嘴，毕竟粥上还在不停地冒热气，再用勺子从粥的边缘舀起放入嘴中，忽然间我好似品尝到了种种纯正之味，慢慢咀嚼，还会有一些清新稻香在我的口中一闪而过。正是因为粥烫，我才可以一勺勺地慢慢品味它的香气。

没过一会儿，粥已凉得差不多了，食堂中的人已走了大半，我也急忙直接端起碗来喝粥，正是这样，我的鼻子更加靠近粥了，更清晰地闻出它的味道。

166

是它，粥中的味道唤醒了我，其实最香最诱人的是本质上所拥有的香气，平时，我们只追求那些看上去十分华丽，价值也很高的物质，却忘了最本质的东西，这些才是最好的，所谓"草木有本心，何求美人折"。

是它，粥中的美味告诉了我，不要总是追求物质上的更高层，也不能为物质世界所迷惑，要在追求物质的同时，求得精神上的最高境界，更不能忘记最本质的东西。

是它，粥中的味道启示了我，以真实的态度去对待任何事情，这样你才能发现更多东西，才能解放自己的思想，神思飞扬起来，多思考已经做过的与即将要做的事。

期待着明天的粥！